小学校
プログラミング
教育の考え方・進め方

蔵満逸司 著

黎明書房

はじめに

　プログラミング教育に興味はあるけれど，本を開いても情報が多すぎてよくわからない。プログラム体験ソフトのマニュアルを読んだものの，何をどう教えたらいいのか見当が付かない。先生方からプログラミング教育に対する不安の声を聞きます。

　本書は，「プログラミングなんて作ったことはない」「専門書ではなく入門書が欲しい」という小学校の先生のための入門書です。

　本書の特色は次の4点です。

1　プログラミング教育で何をどう教えたらいいのかを，なるべくわかりやすい言葉でまとめました。

2　平成29年告示の新学習指導要領（以下，学習指導要領）や学習指導要領の解説で具体的に示された，教科等での指導例に基づいた指導プランを子ども向け授業書型ワークシートの形にまとめ紹介しました。

3　パソコンが苦手な先生が抵抗なく指導できるように，プログラミング入門ソフトとして使い勝手のいい「スクラッチ」の使い方を，子ども向け授業書型ワークシートの形にまとめました。

4　プログラミングの少し発展した内容を，パソコンクラブなどで扱いたい先生のために，日本語も使うプログラミング体験ソフト「ドリトル」の使い方を，子ども向け授業書型ワークシートの形にまとめました。

　子どもたちは，プログラミングの基本を学ぶと，後は自分で次々に道を切り開いていきます。子どもたちとプログラミング体験を楽しみましょう。

　大阪電気通信大学の兼宗進先生，琉球大学の岡本牧子先生・日熊隆則先生・杉尾幸司先生，黎明書房の伊藤大真さん・社長の武馬久仁裕さんには大変お世話になりました。ありがとうございました。

蔵満逸司

目次

はじめに 2

第1章　小学校「プログラミング教育」の考え方

1　小学校「プログラミング教育」のめざすもの ── 8

(1) 小学校「プログラミング教育」で育てたい力とは？ 8
(2) 「プログラミング的思考」とは？ 8
(3) 「プログラミング的思考」は，
　　これまでの思考に関する指導と何が違うのか？ 9
(4) 小学校「プログラミング教育」で大切なことは何か？ 9

2　教科とプログラミング教育 ── 12

(1) 学習指導要領や解説に例示されたプログラミング教育 12
(2) 小学校におけるプログラミング教育で
　　特に教科と関わりのあるものとして紹介されている先行実践 12
(3) コンピュータサイエンスアンプラグド
　　（コンピュータを使わない情報教育） 14
(4) プログラミング思考を意識した教科指導の取り組み 14
　　①「シーケンス」：目的を達成するための手順を明確にする 15
　　②「ループ」：手順のまとまりを繰り返すことを意識させる 17
　　③「条件分岐」：条件によって組み合わせを変える 17
　　④「デバッグ」：正しいシーケンスになるように見直すこと 18
(5) プログラミング体験に使えるソフト一覧 19

第2章　小学校「プログラミング教育」の進め方

1　教科学習とプログラミング教育 ———————————— 24

(1) 指導例についての解説　24
(2) 教科別指導例──子ども向け授業書型ワークシート・指導プラン　24

指導例①：算数ワークシート『グーグルブロックリー』を使って
　　　　　　正多角形をプログラミングしよう　25

指導例②：算数ワークシート『スクラッチ』を使って
　　　　　　正方形をプログラミングしよう　27

指導例③：算数ワークシート『スクラッチ』を使って
　　　　　　図形をプログラミングしよう　28

指導例④：理科授業プラン『Arduino』を使って
　　　　　　LEDのつき方をコントロールしよう　29

指導例④：理科授業ワークシート『Arduino』を使って
　　　　　　プログラミングについて知ろう　31

指導例⑤：音楽ワークシート『ドリトル』を使って
　　　　　　音楽を演奏するプログラムを作ろうＡ　32

指導例⑥：音楽ワークシート『ドリトル』を使って
　　　　　　音楽を演奏するプログラムを作ろうＢ　34

指導例⑦：音楽ワークシート『ドリトル』を使って
　　　　　　音楽を演奏するプログラムを作ろうＣ　35

指導例⑧：総合的な学習　授業プラン
　　　　　　プログラミングって何だろう　36

指導例⑧：総合的な学習　ワークシート
　　　　　　プログラムって何だろう　37

指導例⑨：総合的な学習　授業プラン
　　　　　　プログラミングとこれからの社会　38

指導例⑩：総合的な学習　授業プラン
　　　　　　プログラムを悪用したコンピュータウイルスやネット詐欺　39

指導例⑪：総合的な学習　授業プラン
　　　　　　人間とプログラミング　40

2 プログラミング体験学習 ―――――――――――――――― 41
―〈スクラッチ〉子ども向け授業書型ワークシート―

(1) スクラッチについての基本情報 41
(2) 授業の前にしておくこと 41
(3) スクラッチの子ども向け授業書型ワークシート 44
 スクラッチ1：ためしてみよう ユーザー作成のソフトをためそう 45
 スクラッチ2：登録しよう① 家庭での登録方法 46
 スクラッチ3：登録しよう② 学校で登録しよう 47
 スクラッチ4：スクラッチ画面を知ろう それぞれの場所の名前を覚えよう 48
 スクラッチ5：スクリプトを知ろう① 「動き」のはたらきを知ろう 49
 スクラッチ5：スクリプトを知ろう① 「見た目」のはたらきを知ろう 50
 スクラッチ6：スクリプトを知ろう② 「音」のはたらきを知ろう 51
 スクラッチ6：スクリプトを知ろう② 「ペン」のはたらきを知ろう 52
 スクラッチ7：スクリプトを知ろう③ 「制御」のはたらきを知ろう 53
 スクラッチ7：スクリプトを知ろう③ 「イベント」「調べる」のはたらきを知ろう 54
 スクラッチ8：いろいろな動きをプログラミング
    スプライトが動くプログラムを書こう 55
 スクラッチ9：プロジェクトを保存しよう 保存の方法をしっかり覚えよう 56
 スクラッチ10：いろいろなプログラミング① 保存したプログラムを開こう 57
 スクラッチ11：いろいろなプログラミング② 背景やスプライトを変えよう 58
 スクラッチ12：いろいろなプログラミング③
    スプライトの色や大きさを変えよう 59
 スクラッチ13：いろいろなプログラミング④
    スプライトのコスチュームを変えよう 60
 スクラッチ14：音を鳴らそう 用意されている音や自分の声を鳴らしてみよう 61
 スクラッチ15：音を使おう①
    ねこがボールをけると音楽が鳴るプログラムを作ろう 62
 スクラッチ16：音を使おう② いろいろな楽器の音を使ってみよう 63
 スクラッチ17：ペンを使おう スプライトが動くと線が残るプログラムを書こう 64
 スクラッチ18：友だちの作品を見よう 友だちの作品を見て感想を書きこもう 65
 スクラッチ19：スプライトを工夫しよう① 自分好みのスプライトを作ろう 66
 スクラッチ20：スプライトを工夫しよう② 二つのスプライトをプログラムしよう 67
 スクラッチ21：自分で作ろう ヒントを見ながらプログラムにちょうせんしよう 68

3　クラブ編 子ども向け授業用テキスト ———————— 69
　—〈ドリトル〉の子ども向け授業書型ワークシート—

(1)　ドリトルを使ったプログラミング体験学習を行うまでにすること　69
(2)　ドリトルでコーディング体験—子ども向け授業書型ワークシート—　70
コラム　小学校のクラブ活動で教えるドリトル（岡本牧子）　70

- ドリトル1　タートル登場（ためしてみよう）　71
- ドリトル2　かめた動く！（動かそう）　72
- ドリトル3　美しい図形を書こう（もっと動かそう）　73
- ドリトル4　正方形を簡単に書こう　74
- ドリトル5　いろいろな図形を書こう　75
- ドリトル6　線の色や太さを変えよう　76
- ドリトル7　図形に色をぬろう　77
- ドリトル8　タイマーを使おう　78
- ドリトル9　いろいろ工夫してみよう　79
- ドリトル10　簡単なゲームを作ろう　80

4　「プログラミング教育」振り返りカード ———————— 81

参考文献　82
小学校プログラミング教育への期待　兼宗進　83

第1章

小学校「プログラミング教育」の考え方

1 小学校「プログラミング教育」のめざすもの

(1) 小学校「プログラミング教育」で育てたい力とは？

> ① プログラミングが，身近な生活の中で果たしている役割について理解させる。
> ② コンピュータを使わないプログラミング教育も含めたプログラミング体験を通して，プログラミング的思考を育てる。
> ③ 学習の基盤となる，資質・能力の一つである情報活用能力を育てる。
> ④ コンピュータを，よりよき人生や社会づくりに生かそうとする心情を培う。
> ⑤ キャリア教育の一環として，パソコンを主体的に利活用する力を育てる。

　小学校段階において学習活動としてプログラミングに取り組むねらいは，論理的思考力を育むとともに，プログラムの働きやよさ，情報社会がコンピュータをはじめとする情報技術によって支えられていることなどに気付き，身近な問題の解決に主体的に取り組む態度やコンピュータ等を上手に活用してよりよい社会を築いていこうとする態度などを育むこと，さらに，教科等で学ぶ知識及び技能等をより確実に身に付けさせることにある。（学習指導要領　総則第3章第3節　教育課程の実施と学習評価）

(2) 「プログラミング的思考」とは？

> 　パソコンに何らかの仕事をさせるプログラムを，記号を組み合わせてつくる論理的思考力がプログラミング的思考。
> 　プログラミング的思考にはさまざまな種類があるが，小学校で，児童に意識させながら指導できるものには，次のようなものがある。
> ① 「シーケンス」……目的を達成するための手順を明確にすること
> ② 「ループ」…………手順のまとまりをを繰り返すことを意識させること
> ③ 「条件分岐」………条件によって組み合わせを変えること
> ④ 「デバッグ」………シーケンスを見直すなどして間違いを修正すること

　「プログラミング的思考」は，自分が意図する一連の活動を実現するために，どのような動きの組合せが必要であり，一つ一つの動きに対応した記号を，どのように組み合わせたらいいのか，記号の組合せをどのように改善していけば，より意図した活

動に近づくのか，といったことを論理的に考えていく力である。（学習指導要領　総則第3章第3節　教育課程の実施と学習評価）

(3) 「プログラミング的思考」は，これまでの思考に関する指導と何が違うのか？

　思考力を育成する教育は，これまでの教育でも行われてきました。現在も，主体的・対話的で深い学びをめざす教育のなかで，思考スキルや思考ツールを使ったり，協働学習を取り入れたりするなど様々な手立てがとられ指導が行われています。

　プログラミング思考の教育は，これまで行われていた，人がプログラムしたコンピューターを利活用する教育に加えて，自分でプログラムを作る活動を教育に取り入れていこうとするものです。

　プログラミング的思考の指導を，これまでの思考に関する指導と比較すると次のような特色があります。

---

① プログラム作成後，ねらいどおりに動くかどうか試すことで，思考の結果が正しいかどうかが即時にわかる。
② プログラムの確認をすることで，思考の過程を確認し，修正したり変更したりすることができる。
③ 基本を学んだあとは，個別に発展的な学習に取り組むことができる。
④ キャリア教育の視点で考えると，仕事をする上で必要性の高い技能の取得につながる。
⑤ 現代社会に不可欠なパソコンを，より積極的に利活用するためのプログラム作りにつながる。

---

(4) 小学校「プログラミング教育」で大切なことは何か？

① プログラミング体験までを原則とする

　アルファベットと記号からなるプログラミング言語を用いて，プログラムを記述する作業がコーディングです。コーディングは容易にできることではないので学校でプログラミング教育として教えるのは難しい。平成29年発表の学習指導要領に取り入れられたプログラミング教育では，小学校においてコーディングを覚えることを目的としていません。

　日本語と図形で表示されている「プログラミン」「スクラッチ」などのピクチャー系体験ソフトや，日本語を含む簡易型記号を使った「ドリトル」などの体験ソフトで指導を行うことが望ましい。

> ○プログラミング教育の実施に当たっては，コーディングを覚えることが目的ではないことを明確に共有していくことが不可欠である。
>
> 　また，「主体的・対話的で深い学び」の実現に資するプログラミング教育とすることが重要であり，一人で黙々とコンピュータに向かっているだけで授業が終わったり，子供自身の生活や体験と切り離された抽象的な内容に終始したりすることがないよう，留意が必要である。楽しく学んでコンピュータに触れることが好きになることが重要であるが，一方で，楽しいだけで終わっては学校教育としての学習成果に結びついたとは言えず，子供たちの感性や学習意欲に働きかけるためにも不十分である。学習を通じて，子供たちが何に気付き，何を理解し，何を身に付けるようにするのかといった，指導上のねらいを明確にする必要がある。
> （平成 28 年 6 月 16 日　小学校段階における論理的思考力や創造性，問題解決能力等の育成とプログラミング教育に関する有識者会議（有識者会議における議論の視野）4. 小学校教育におけるプログラミング教育の在り方）

②　全体計画を立てて取り組む

　学習指導要領では，算数・理科・総合的な学習でプログラミング教育の例が示されていますが，例示以外の内容や教科等においても，学校の教育目標や児童の実態等に応じて取り組めるとしています。

　パソコン指導に苦手意識を持つ教員も少なくないし，プログラミングができる教員はごくごく一部であることから，学校で継続的に指導が可能な計画を立てることが大切です。無理なく実践が行われるようなカリキュラムマネジメントが大切になります。

③　パソコンを使わないプログラミング教育も視野に入れる

　例えば，算数科では，計算手順（シーケンス）を明文化し，計算で誤答が出た場合に，シーケンスと比べながら自分の計算を見直す（デバッグ）学習のように，パソコンを使わないプログラミング教育が提案されています。これまでの授業をプログラミング思考という観点から見直すことも積極的に行いたいものです。

　学習指導要領解説編には，「命令文を書いた紙カードを組み合わせ並べ替えることによって，実行させたいプログラムを構成したり，指令文を書いて他者に渡して，指令どおりの動きをしてもらえるかどうかを検証したりするなど，具体物の操作や体験を通して理解が深まることも考えられる」と例示されています。

④　学校外の人的支援の活用

　パソコンが苦手な先生が，少しの工夫で実践できるプログラミング教育の参考書を意図して書いたのが本書です。それでも，わからないところが出てくるはずです。自分でやって，わからないところを相談できる同僚を見つけておくことが大切です。人からアドバイスをもらうと，「なんだ，そうか」と納得して先に進めることが多いはずです。校内研修で基本を学ぶ機会が設定できると，同僚と学び合う素地ができるのでおすすめです。

　学校外の人材活用も積極的に進めたい。行政主導で民間の力を導入できる場合は，専門家と協力して取り組むことで，効率的な指導を行うことができます。

2　教科とプログラミング教育

(1)　学習指導要領や解説に例示されたプログラミング教育

学習指導要領で具体的に指導例が示されているのは算数，理科，総合的な学習です。

①　算数

第5学年の正多角形の作図を行う学習で，「正確な繰り返し作業を行う必要があり，更に一部を変えることでいろいろな正多角形を同様に考えることができる場面などで取り扱うこと」と例示されています。

②　理科

第6学年の「電気の性質や働きを利用した道具があることを捉える学習など，与えた条件に応じて動作していることを考察し，更に条件を変えることにより，動作が変化することについて考える場面で取り扱うものとする」と例示されています。

指導要領解説編には，「第3章各学年の目標及び内容　第4節第6学年の目標及び内容2第6学年の内容A物質・エネルギー(4)電気の利用」に，「日常生活との関連としては，エネルギー資源の有効利用という観点から，電気の効率的な利用について捉えるようにする。このことについて，例えば，蓄電した電気を使って，発光ダイオードと豆電球の点灯時間を比較することが考えられる。また，身の回りには，温度センサーなどを使って，エネルギーを効率よく利用している道具があることに気付き，実際に目的に合わせてセンサーを使い，モーターの動きや発光ダイオードの点灯を制御するなどといったプログラミングを体験することを通して，その仕組みを体験的に学習するといったことが考えられる」と具体的に書かれています。

③　総合的な学習

プログラミング体験だけにとどまらず，「情報に関する課題について探究的に学習する過程において，自分たちの暮らしとプログラミングとの関係を考え，プログラミングを体験しながらそのよさや課題に気付き，現在や将来の自分の生活や生き方と繋げて考えることが必要である」として詳細に例が記述されています。ＡＩ（人工知能）やビッグデータの活用，ロボットの活用などと私たちの生活を関係づけたり，コンピュータウイルスやネット詐欺などの存在にも触れ「人間らしさとは何か」，「人間にしかできないこととは何か」，「人間としてどのように暮らしていけばいいのだろうか」など，自分の生き方を考え直すことも期待できると書かれています。

(2)　小学校におけるプログラミング教育で特に教科と関わりのあるものとして紹介されている先行実践

教科での先行実践例を，Ａ【小学校の「プログラミング授業」実況中継】技術評論

社，2017 年】と B【『小学生からはじめるわくわくプログラミング』阿部和広著，日経ＢＰ社，2013 年】の二冊から，教科，単元，実践の概要，使用しているソフトや教具，学年の順に整理し紹介します。どれも子どもの学習意欲を高める工夫がなされたものばかりです。

① 国語
・「熟語の成り立ち」，4文字熟語をアニメーションで表現『プログラミン』，6年，A
・「物語メーカー」，物語を自動的に作るプログラムを作成『Scratch』，B

② 社会
・「ウィルスと情報　ネットワーク社会に生きる私たち」，かぜの流行をアニメーションで表現し情報の広がり方を可視化。『Viscuit』，5年，A
・「なんでもクイズ」，クイズのプログラムを作成，『Scratch』，B

③ 算数
・「1000 までの数」，不等号について理解した後でセンサーロボットを使い，規定した距離にロボットが接近したら動きを制御するプログラムを作成，『mBot』，2年，A
・「フィズバズ」，数字を入力してある数字で割り切れたらフィズというプログラムを作成する，『Scratch』，B

④ 理科
・「電池の働き」，乾電池の数やつなぎ方を変えたときの変化を学習し，発展として，ソフトを使ってさまざまな回路を作り電気回路の仕組みをより深く学習，『Minecraft』，4年，A
・「アリシミュレーター」，アリの動きに条件をつけるプログラムを作成，『Scratch』，B

⑤ 音楽・図工合科・総合芸術表現
・「ロボットダンスと作曲によるシンフォニー」，図工の配色と音楽の作曲と動きを考えプログラミング。6年，『球体ロボット　SPRK+』『音楽製作アプリ GarageBand』，A
・「かえるのうた（輪唱）」，演奏をプログラム，『Scratch』，B

⑥ 体育・器械体操
・「跳び箱運動」〜プログラミングで体を動かそう〜，準備運動を「ジャンプ」「回る」「手をたたく」など動きを文字を書いたカードを組み合わせて行い発表，『ルビィの冒険』（アンプラグド），3年，A
・100 メートルハードルのタイムを計るプログラムを作成，『Scratch』，B

⑦ 総合的な学習
・「人工知能（AI）と私たちの未来」，プログラミングの授業の後に，予想される近未来を理解させるために，学校で活躍するロボットにも校則は必要かを考えさせる，『女

子高生 AI『りんな』』，A
⑧　英語・外国語活動
・「ALL　Englishを目指して～自分のアイデアを英語で表現しよう」，パソコンを使い，誰も見たことのない動物を描き，説明を英文で作成し保存，プレゼンを行う，『ナイトズーキーパー（授業支援ツール）Class　Writer』，6年，A

　『みんなのプログラミング』（吉田潤子著，リックテレコム出版）では，『プログラミン』を使ったプログラミングが紹介されています。「花火のアニメーションを作ろう」は図工，「ストーリーのあるアニメーションを作ろう」は国語と図工の実践として紹介されています。
　このように，さまざまなソフトや教具を使った実践が試みられて先行実践として紹介されています。

(3)　コンピュータサイエンスアンプラグド（コンピュータを使わない情報教育）

　アンプラグド（unplugged）は，「プラグをはずす」という意味で，電気楽器を使わない生ギターでの演奏のことです。エリック・クラプトンがアメリカのＭＴＶの番組『アンプラグド』に出演し，その時の演奏をもとに作成したＣＤ『アンプラグド』がアンプラグドブームを巻き起こしました。
　コンピュータサイエンスアンプラグドは，コンピュータを使わずに情報科学を教えることです。
　Tim Bell / Ian H. Witten / Mike Fellows 著『Computer Science Unplugged』の日本語版，兼宗進監訳『コンピュータを使わない情報教育アンプラグドコンピュータサイエンス』（2007年）には，二進法，探索アルゴリズム，プログラミング言語などコンピューターの動きを，コンピューターを使わずに教えるアクティビティが多数紹介されています。
　『ルビィのぼうけん　こんにちは！プログラミング』（リンダ・リウカス著，翔泳社）を教材とした授業例を紹介したものに，兼宗進(編著・監修)『コンピューターを使わない小学校プログラミング教育』（翔泳社）があります。
　『コンピューターを使わない小学校プログラミング教育』のなかで，兼宗進氏は，プログラミング思考として，「シーケンス」「ループ」「条件分岐」「デバッグ」のほかに，「ものごとをＹｅｓ／Ｎｏの組み合わせで考える真偽値の考え方」「ものごとの性質や手順のまとまりに名前をつける抽象化の考え方」をあげています。

(4)　プログラミング的思考を意識した教科指導の取り組み
　①そもそもなぜプログラミング的思考を指導するのか

プログラミング的思考は，これまで小学校で指導したことのない新しい思考ではありません。これまで小学校教育で行ってきた思考力の指導のなかには，プログラミング教育と重なっていたり違いがわからないほど似通っていたりするものがあります。

　それなら，なぜ，あえてプログラミング的思考という名前で新しい指導を行おうと提唱されているのでしょうか。それは，プログラミング的思考とこれまでの思考力の指導を意識的に関連付けた指導を行うことで，「シーケンス」「ループ」「条件分岐」「デバッグ」というプログラミングの思考力，教科等で必要とされている思考力，両方に相乗効果が期待できるからです。

　四つのプログラミング的思考と教科学習との関連をみてみましょう。

1 「シーケンス」：目的を達成するための手順を明確にする

　プログラムは，人間がコンピューターに目的を達成するために出す明確な指示の連続です。間違った指示はもちろん，曖昧な指示でもコンピュータは動きません。

　教科指導と「シーケンス」をつなぐポイントは二点です。
①目的を明確にする。
②手順を明確にする。

　例えば，国語の文章を書く指導において，読者に伝えたいことは何かを明確にすることが大切で，これは①にあたります。また，読者に明確に伝わるように文の構成を練ることも大切で，これは②にあたります。

　作文指導において，プログラミング的思考との関連を毎回明示する必要はありません。しかし，プログラミング体験ソフトで，オリジナルの何かを表現するときには，目的と手順を明確にしたストーリーを文章で表現する学習を行う必要があります。何をどう表現したいのかを明確にしないと，プログラムを書くことはできないからです。

指導の流れ
- 『スクラッチ』などのプログラミング体験ソフトの基本的な使い方を指導する。
- サンプルを見て，自分のストーリーを考える。
- 国語で，ストーリーを作文する。登場人物，展開，終わり方などを明確に書くよう指導する。
- 『スクラッチ』などのプログラミング体験ソフトで，自分の考えたストーリーを作成する。
- 友だちのストーリーを見て互いに評価する。

```
    13 − 8 = 5
  ┌─⌒─┐
  3  10 − 8 = 2
         └───⌒
・3から8はひけない
・13を3と10にわける
・10ひく8は2
・3と2で5
```

　算数学習の四則計算や面積や体積を求める学習では，手順を文章で明確に表してノートにまとめるようにします。これは「シーケンス」そのものです。
　体育の短距離走で，スタートからゴールまでの身体の動きを，順番に言葉や図で表現すると「シーケンス」になります。
　家庭科の調理では，手順が重要です。手順が具体的でないレシピでは美味しい料理は作れません。レシピ作りの学習も「シーケンス」というものを意識させる学習になります。

> だし汁の作り方
>   1　煮干しの頭とはらわたを取り，4つぐらいにちぎる。
>   2　なべに人数分（一人分170ml）の水を入れて煮干しを水につける。
>   3　なべを強火にかけて沸騰させる。
>   4　沸騰したら煮干しを入れ中火にして5分間煮る。
>   5　だしがとれたら，煮干しを取り出す。

　ここで例示したような授業でも，プログラミング的思考との関連を子どもたちに特に意識させる必要はありません。人間の思考とプログラミング的思考が全く別物ではないのですから，たいていの学習がプログラミング的思考と関連があるということなのです。
　大切なのは，教科指導において，これまで以上に手順を意識させ，明確に表現させるようにするということです。
　プログラミング教育を行うときには，反対に「シーケンス」と算数の計算手順を関連付けて説明するなど，教科学習と関連付けて説明すると，子どもたちのプログラミングに対する理解を進めると同時に親しみが増すという効果が期待できます。

2 「ループ」：手順のまとまりを繰り返すことを意識させる

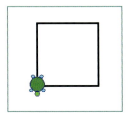

例えば、プログラム体験ソフト『ドリトル』で作図した左の正方形は、直進と向きを90度左に変えるという作業を4回繰り返して完成しています。

プログラム体験ソフト『スクラッチ』のプログラミングでも、同じ手順をまとめて繰り返すことは基本的な指示の一つです。手

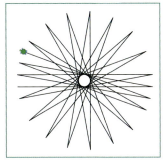

順のまとまりを繰り返す作業を「ループ」と呼びます。「ループ」という作業では、人間はパソコンにかないません。正方形を書く作業では、人間とパソコンでは大差ないかもしれませんが、左のような図になると正確さも含めて人間はパソコンにかないません。

算数の学習で、どんな指示を何度繰り返せば目的とする図形が完成するのかを思考させ、プログラム体験ソフトで図形を作成します。そうすることで、算数の目的も達成すると同時に、プログラミング教育の目的も達成することができます。子どもたちは、角度や長さを変化させることで美しい図形が短時間に正確に表現できることを楽しみながらプログラムの良さを実感することができるのです。

例えば、音楽では同じリズムの繰り返しの部分で、体育では一定の身体運動を繰り返すことを学習する部分で、「ループ」を意識させることもできます。ただし、「シーケンス」と同様、毎回無理に「ループ」と関連付ける必要はありません。プログラミング学習のときに例として教科学習で思考したことを示したり、プログラミング学習の後で「ループ」と関連性がある教科学習がある場合には、プログラミング学習との関係性を簡単に示すぐらいで構いません。

3 「条件分岐」：条件によって組み合わせを変える

条件分岐とは、『もし○○ならば××せよ』というプログラムでの命令のことです。例えば、画面上の右の扉を開いたら海が画面に現れ、左の扉を開いたら山が現れるというプログラムがこれにあたります。

算数なら、文章題で、『もし「合わせると」ならたしざん』『もし「残りは」ならひきざん』。理科なら、『もし「磁石にくっつく」なら鉄』『もし「磁石にくっつかない」なら鉄ではない』というような思考方法です。

「条件分岐」も，プログラミング学習のときに例として教科学習で思考したことを示したり，プログラミング学習の後で関連性がある教科学習がある時に，プログラミング学習との関係性を簡単に示したりするぐらいで構いません。

一連のストーリーのなかに選択肢を入れることは珍しくありません。「条件分岐」を，プログラミングのストーリーを考える学習に自然に生かしていくことができます。

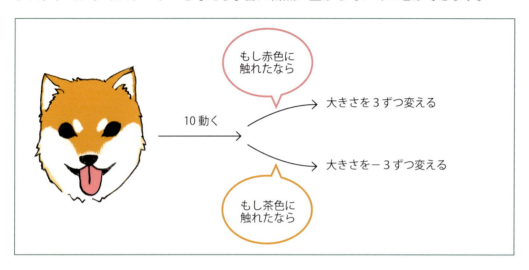

4 「デバッグ」：正しいシーケンスになるように見直すこと

　人間もパソコンも，手順に間違いがあるとなかなか目的を達成できません。人間は実行しながら臨機応変に修正して目的を達成できる場合があるのに対して，プログラムは手順に間違いがあると自分で修正して目的を達成することはできません。プログラム上の欠陥や誤りのことはバグ (bug：虫) といい，実行して誤作動や不具合があるときに，手順を見直して修正することをデバッグといいます。

　デバッグでは，プログラムが間違っていないかをチェックして，発見できたら修正します。また入力に間違いがないときは，最初のプログラムが間違っている可能性があるので，意図したことと記号の整合性を確認する必要があります。修正には，間違いを発見して正しいものと入れ替える，間違いが見つけられない場合には他の候補と入れ替えて実行して確認するなどの方法があります。

　「デバッグ」は，あらゆる教科学習に通じる作業です。間違ったときの対応をプログラミングのデバッグからヒントを得て指導することができます。

「デバッグ」の方法　〜目的を達成できなかったときにすること
　① 書き間違いがないか確認する
　　・計画書と照らし合わせてミスを発見する
　② シーケンス（手順）を確認する

- 手順を分割して実行しミスを発見する
- 他の候補と入れ替えて実行しミスを発見する

③ **アドバイスを求める**
- 友だちに見てもらう
- 先生に見てもらう

　計算の場合，結果が正しいかどうかは，まず検算で確認することができます。検算が間違っていて間違いに気がつかない場合でも，教師による答え合わせで最終確認ができます。

　間違っていた場合，まず，計算間違いがないかどうか再計算をします。

　それでも答えが合わない場合は，シーケンス（手順）が間違っていないかどうかを，シーケンスが書いてあるノートと照らし合わせて確認します。

　算数の割り算の場合，シーケンスは「立てる　かける　引く　下ろす」になります。

　それでも正解にならないときは，友だちや教師に見てもらい，何が間違っているのかを見つけます。

　このような指導をていねいに行うと，教科での思考とプログラミング的思考が自然につながっていくことが期待できます。

(5) プログラミング体験に使えるソフト一覧

　プログラミングとは，コンピュータに指示を与えることで，その指示をするための言葉をプログラミング言語，コンピュータに与える指示の文字を，コードとかソースといいます。

　プログラミング言語には，次のような種類があります。

```
Java   C (言語)   C++   C#   Python   JavaScript   PHP
Visual Basic .NET   Assembly language   Ruby
```

　それぞれ仕組みが異なるので，混ぜて使うことはありません。これらのプログラミング言語のなかから一つを選択して，コンピューターに出す指示を書くことがコーディングという作業です。

　プログラミング教育の最終目標は，プログラミング用の言語であるコードを使いプログラミングを行うコーディングが書けるようになることです。しかし，コーディングは難易度が高く，全ての小学生に指導するには向かないことから，小学校でコーディングを覚える教育は想定されていません。「覚える教育は」という表現は微妙で，コーディングを経験させることまで否定しているわけではないとも読めます。いずれにしても，

通常はコーディングの指導までは小学校では行わないと考えた方がいいようです。

そこで，教材として注目を集めているのが，プログラミング言語そのものではなく，指示の一つ一つがあらかじめカードのようなものにまとめてあり，それを目的に応じて組み合わせたり，数字の部分を変えることでプログラミングが行えるビジュアルプログラミング言語です。

ビジュアルプログラミング言語には，次のような種類があります。

ScratchMOONBlock　プログラミン　VISCUIT　ドリトル　GoogleBlockly
CodeMonkey　アルゴロジック　マインクラフト

小学校では，プログラミング言語を使ってのコーディングは難しいので扱わないという前提に立ち，本書では主にビジュアルプログラミングによるプログラミング体験を紹介します。

⑴　Scratch（スクラッチ）http://scratch.mit.edu/

　Scratchは，アメリカのマサチューセッツ工科大学（MIT）メディアラボのライフロング・キンダーガーテンというグループが作った子ども向けプログラミング言語で，世界中で幅広く使われています。（詳細は上記ＵＲＬ参照）

　目的に応じて選ぶ指示はスクリプトと呼ばれ，「動き」「見た目」「音」「ペン」「データ」「イベント」などのジャンルに整理されています。例えば「動き」の最初にある指示は，「○歩動かす」で，図のように，「ブロック」化されています。このブロックをマウスで左クリックして指定し，右側にある指示を作成する場所に移動します。目的に応じて正しく並べるとプログラムが完成し，指示通りにキャラクターが動くアニメーションが完成します。

　Scratch（スクラッチ）は，ウェブ上で自由に使えるだけではなく，自分の作品を世界中に公開したり，ほかの人の作品を試すことができます。

　教育関係者が情報交換をできるサービスなど，利用者向けの情報提供も充実しています。参考書籍やウェブサイトも多く出版されています。タブレットで使えるScratchJrも無料で公開されていることから，プログラミング教育の定番と考えていいでしょう。

(2) プログラミン（文部科学省）　http://www.mext.go.jp/programin/

　プログラミンは，文部科学省が公開しているビジュアルプログラミング言語です。Scratchを参考にして作られています。Scratchと同様に，ブロックを並べていくとプログラムができあがる仕組みです。

　『「プログラミン」は，プログラムを通じて，子どもたちに創ることの楽しさと，方法論を提供することを目的とした，ウェブサイトです。』（プログラミンのウェブサイト）と書いてあるように，日本語を母国語とする子どもたちには，使いやすく戸惑うことが少ない使い勝手のいいビジュアルプログラミング言語です。

(3) VISCUIT　http://www.viscuit.com/

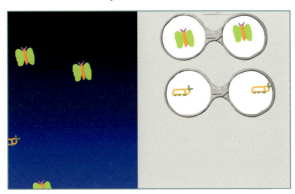

　VISCUITは，原田康徳さんが開発したビジュアルプログラミング言語です。絵の動きを「メガネ」という部品を使って指示することで，アニメーション・ゲーム・音楽などをプログラムすることができます。

　同じ絵を，メガネの左側円内の左端と，右側円内の右端に置くと，画面左でアニメーションが左から右に向けて移動します。絵をメガネのどの位置に置くかで動く向きを変えることができます。左と右に違う絵を入れると，絵が途中で変化するアニメーションも作れます。

　「かんたん」「ふつう」「むずかしい」の順に，わかりやすい解説動画も用意されています。園児から楽しめるプログラミング体験ソフトです。

⑷　ドリトル　Dolittle　http://dolittle.eplang.jp/

　大阪電気通信大学教授の兼宗進教授が開発した教育用プログラミング言語です。プログラムに，日本語も使う点が大きな特色です。用意されている部品を利用して，比較的容易にプログラムを作成することができます。図形を描いたり，音楽を演奏することもできます。パソコンにインストールして使うことも，ウェブ上で使うことも可能です。オンラインで使える「小学校向け特設ページ」（2018年公開）は算数の授業で使えます。
　本書では，クラブ活動などで発展的に扱うソフトとして紹介します。

⑸　GoogleBlockly　https://blockly-games.appspot.com/
　GoogleBlocklyは，Googleが提供するビジュアルプログラミング言語です。
　ブロックを組み合わせることで，プログラムを作ることができます。

⑹　CodeMonkey　https://codemonkey.jp/（有料）
　CodeMonkeyは，イスラエルのコードモンキー・スタジオが開発したオンラインプログラミング教育ゲームです。サルの「モンタ」をプログラミングで操作しながらバナナを獲得していくことによって，学習を進められるようになっています。体験版は無料です。

⑺　アルゴロジック　http://home.jeita.or.jp/is/highschool/algo/
　アルゴリズム体験ゲームです。プログラミングの基本となる論理的思考(アルゴリズム)をゲーム感覚で習得するための課題解決型ゲームソフトです。
　アルゴロジック2では，プログラムの3つの制御構造である順次処理，繰り返し処理，分岐処理の考え方を学習することができます。

第2章

小学校「プログラミング教育」の進め方

1 教科学習とプログラミング教育

(1) 指導例についての解説

① 算数

「グーグルブロックリー」を使った「正多角形をプログラミングしよう」と，「スクラッチ」を使った「正方形をプログラミングしよう」の二種類を紹介します。

「正多角形をプログラミングしよう」は，事前にプログラミング体験をしていなくても，取り組むことができます。

② 理科

プログラミングと実際に起きる出来事の関連性が理解しやすい教材を準備すると指導が効果的に行えるので，光センサーを使い，発光ダイオードの点灯を制御するプログラミングを体験させる学習例を紹介します。

③ 音楽

ドリトルで音楽を演奏するプログラム作りのプラン三種類を紹介します。Aでは音を出すプログラミング体験，Bでは音の長さや高さを調節する記号を使って音を出すプログラミング体験，Cでは同じメロディーの繰り返しがある曲を作るプログラム体験ができます。A→B→Cの順に授業を展開します。

ウィンドウズ用のソフト二種類のなかで，音楽演奏プログラムを作る場合は，Windows用（JRE6同梱版）をインストールする必要があります。

④ 総合的な学習

① 身近にあるプログラミングを見つけることを通して，プログラミングの意味について理解することをねらいとした「プログラミングって何だろう」，

② ＡＩ（人工知能），ビッグデータ，ロボットなど，これからの時代で必要になるプログラミングについて，その良さや問題点について理解することをねらいとする「プログラミングとこれからの社会」，

③ プログラムを悪用したコンピュータウイルスやネット詐欺の手法について体験を通して理解することをねらいとする「プログラムを悪用したコンピュータウイルスやネット詐欺」

以上三つの授業を紹介します。

(2) 教科別指導例──子ども向け授業書型ワークシート・指導プラン

指導例①：算数ワークシート『グーグルブロックリー』を使って
正多角形をプログラミングしよう

名　前＿＿＿＿＿＿＿＿＿＿＿＿＿＿＿＿

① 『グーグルブロックリー』を開こう。
② 日本語になっていないときは，右上の窓から日本語を選ぼう。
③ タートルをクリック。

④ 左の窓に表示されている形と同じ形をプログラミングする問題だよ。

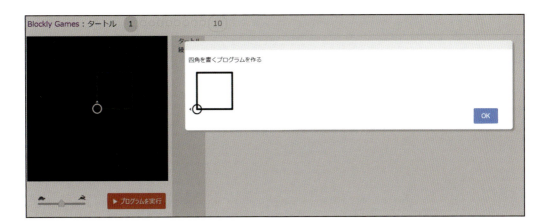

　プログラムの指示は，「ブロック」でするよ。

　『グーグルブロックリー』では，「前に〇〇進む」「右に〇〇度回転する」などの指示を「タートル」と呼ぶよ。タートルの下にあるのは，同じ指示をくり返すときに使う「繰り返し」だよ。

　左のうさぎとかめのマークで，動くスピードを選ぶことができるよ。その右にある

25

「プログラムを実行」がプログラムのスタートボタンだよ。

「リセットする」をクリックすると，プログラムはとちゅうでも止まってスタートにもどるよ。プログラムのとちゅうで，何度でもためすことができるから便利だよ。

右の広い場所は，ブロックを並べてプログラムをするための場所だよ。

⑤　さっそくためしてみよう。最初の目的は「四角を書くプログラムを作る」で，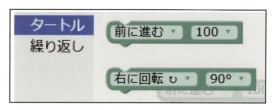が置いてあるよね。どう動くか「プログラムを実行」をクリックしてかくにんしよう。

正方形を書くためには，どうプログラムを書いたらいいかな。

言葉で考えてみるのもいいし，どんどんためしてみてもいいよ。

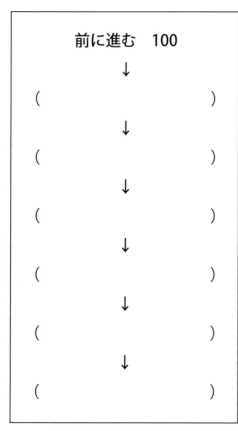

同じ指示をくり返したいときは，くり返したい指示を，「繰り返し」の口に入れて回数を指定しよう。

⑥　うまくできたかな。

「プログラムを実行」でためしてみよう。

上手くいかないときは，どこからまちがえたかをよく考えて，修正してみよう。上の表に手順を書いておくと，見直しがしやすいよ。

指導例②：算数ワークシート『スクラッチ』を使って
正方形をプログラミングしよう

名　前　＿＿＿＿＿＿＿＿＿＿＿＿＿＿＿＿

① 『スクラッチ』を開こう。

② スプライト（ねこ）を左下に移動しよう。
　スプライトにカーソルを当て，マウスの左をクリックしたまま左下に移動するよ。

③ 左の例と同じプログラムを書いてみよう。
　スクリプトは，同じ色のグループのなかにあるよ。
「ペンを下ろす」は，線を引き始めるという意味で，「ペンを上げる」は，線を引かないという意味だよ。ためしてみよう。

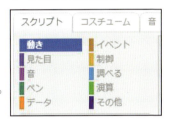

④ 正方形を書くためには，どんな操作をしたらいいか考えてみよう。
⑤ プログラムができたら実行する前に，「ファイル」－「コピーを保存」で保存しよう。
⑥ プログラムを実行してみよう。
⑦ 正方形にならなかったときは，修正して，また保存して，実行しよう。
⑧ 最初からためすときは，左上「ファイル」－「私のアルバムに行く」でためす前のプログラムを開いて使おう。
⑨ 正方形が書けたら，自分でプログラムしていろいろな図形を書いてみよう。
⑩ 同じ操作をくり返すときは，これを使うと便利だよ。
　ためしてみよう。

27

指導例③：算数ワークシート『スクラッチ』を使って
図形をプログラミングしよう

　　　　　　　　　　　　　　　名　前　_____

① 　『スクラッチ』を開こう。
② 　正三角形を書くプログラムを考えてみよう。

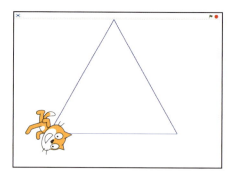

　1　このスプライトがクリックされたとき
　2　「　　　　　　　　　　」
　3　「（　　　　　）歩　動かす」
　4　「（　　　　　）度　回す　」
　5　「（　　　　　）歩　動かす」
　6　「（　　　　　）度　回す　」

③ 　「ファイル」－「コピーを保存」でプログラムを保存しよう。
④ 　実行しよう。
⑤ 　まちがったときは，プログラムを見直そう。
⑥ 　最初からためすときは，左上「ファイル」－「私のアルバムに行く」でためす前のプログラムが保存されているから開いて使おう。
⑦ 　正三角形が書けたら，自分でプログラムしていろいろな図形を書いてみよう。保存を忘れないようにね。
⑧ 　「スペース キーが押されたとき」もためしてみよう。▼をクリックするといろいろなせんたくしが現れるよ。
⑨ 　いろいろな図形を書いてみよう。

　　台形　ひしがた　二等辺三角形　直角三角形　正五角形　正六角形
　　正七角形　正八角形　…

　一つの点から，どう書いていけば，目的の図形を書くことができるか，手順を書いてプログラミングをしてみよう。

指導例④：理科授業プラン『Arduino』を使って
LEDのつき方をコントロールしよう

○授業づくり

　身の回りにある温度センサーや光センサーについて，子どもたちと確認します。事前に課題として調べさせることも考えられます。子どもたちからは，夜になったら自然に灯りがつく街灯や自動販売機の照明などが出されると予想されます。あらかじめ，写真を撮影して子どもたちに提示できるように準備をしておきます。

　次に，準備したパソコンと Arduino で，プログラムと LED の関係を理解させます。

　子どもたちに，プログラムの数値部分だけを変更させ，プログラムを変えることで，LED のつき方が変わることを確認させます。

　最後に，光センサーの上部を手で光から遮らせ，エネルギーを効率よく利用するための技術について実感させます。

○事前に準備する物

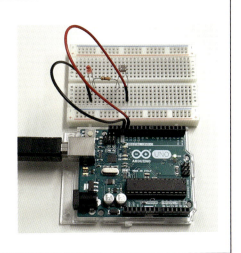

- Arduino Uno R3(マイコンボード) 1 個
- ブレッドボード
  電子回路の試作・実験用の基板
- 柔らかいジャンパワイヤ 2 本（色違い）
- オーム抵抗 1 本
- USB（A-B）ケーブル 1 本
- LED 1 本
- 光センサー (CdS セル) 1 本

○事前の準備　パソコン側

　パソコンに IDE（統合開発環境）をインストールする。IDE は，Windows / Mac / Linux に対応している。

- 「ARDUINO」で検索し，「Arduino - Home」を開く。
  https://www.arduino.cc/
- 使う OS に合う「Arduino IDE」をダウンロードする。
- ダウンロードの方法は，「Arduino - Home」参照。
  「Arduino IDE」を起動して，次のプログラムを入力する。

```
void setup() {
pinMode(13, OUTPUT);
}

void loop() {
digitalWrite(13, HIGH);
delay(1000);
digitalWrite(13, LOW);
delay(1000);
}
```

void loop は，ずっと繰り返すこと。

delay は，プログラムを指定した時間止めることで，単位はミリ秒。(1,000 ミリ秒 =1 秒)。

「digitalWrite(13, HIGH);delay(1000);」は，13 から電気を出した状態で 1 秒待つという指示。

「digitalWrite(13, LOW);delay(1000);」は，13 から電気を出さない状態で 1 秒待つという指示。

1 秒電気を通して，1 秒電気を出さないということは，1 秒間隔で LED を点滅させる指示ということになります。

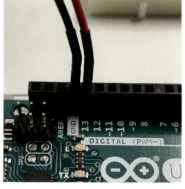

アプリの上にある✓をクリックすると，プログラムが正しいかどうかを確認することができます。

・成功したときは，プログラムに名前をつけて保存しましょう。

○事前の準備　Arduino 側

注意すること

・極性 (プラスマイナス) がある LED は，正しく使うことが大切です。足が長い方が「＋」，短い方が「－」です。
・LED には抵抗をつけます。(写真では，瓢箪の形のもの)
・回路完成まで Arduino と PC は接続しません。
・ジャンパワイヤ 2 本をつける。区別するために赤を Arduino のデジタル 13 番と，ブレッドボードの 14a に，黒を Arduino のデジタル GND と，ブレッドボードの 5 番にさします。
・抵抗を d の 6 と 11 に，LED を e の 5 と 6 にさします。光センサーを，Arduino の e の 14 と 11 にさします。接続はこれで完了です。
・パソコンと Arduino を USB ケーブル（A-B）で接続します。
・Arduino のアプリを開き，赤○をクリックすると，プログラムが Arduino にダウンロードされます。
・成功したら 1 秒間隔で LFD は点滅します。
・プログラムの数字を入れ替えて LED の点滅の間隔が変わることを確認します。
・光センサーの上部を光から遮り，LED の光が弱まることを確認します。

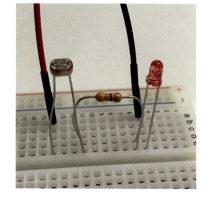

指導例④：理科授業ワークシート『Arduino』を使って
プログラミングについて知ろう

名　前　_____

どんなセンサーが，どんなところで使われているだろう。

```
void setup() {
pinMode(11, OUTPUT);
}

void loop() {
digitalWrite(11, HIGH);
delay(1000);
digitalWrite(11, LOW);
delay(1000);
}
```

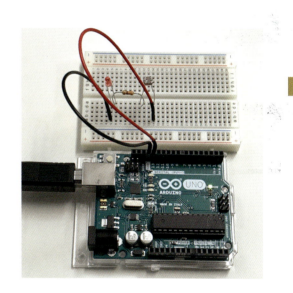

```
digitalWrite(11, HIGH);   LEDがつく
delay(1000);              1秒
digitalWrite(11, LOW);    LEDが消える
delay(1000);              1秒
```

時間を変えてみよう。
　※ 1000で1秒

↓でダウンロード

指導例⑤：音楽ワークシート『ドリトル』を使って
音楽を演奏するプログラムを作ろうＡ

名　前　_____

① 　ドリトルを立ち上げよう。

　ドリトルは，大阪電気通信大学の兼宗(かねむね)進(すすむ)先生が開発した教育用プログラミング言語だよ。

　これがドリトルの画面だよ。

　左上を見て『編集画面』になっているのをかくにんしよう。

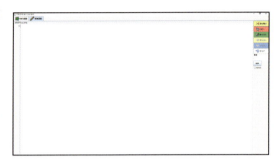

チャレンジ１　次の通りにプログラムしよう。

```
音楽＝メロディ！
つくる。
音楽！『ドレミファソラシ＾ド』追加。
音楽！（楽器！『オルガン』作る）設定。
音楽！演奏。
```

　入力できたら，下の実行をおしてみよう。ちゃんとオルガンで『ドレミファソラシ＾ド』が鳴ったかな。

　文末の「。」を書き忘れると鳴らないよ。

　失敗したら，成功している友だちのプログラムと，自分のプログラムを１文字ずつ比べて，ちがうところがあれば修正しよう。

　「＾」をとるとどうなるかためしてみよう。

　「＾」は，ハットマークといい，キーボードでは平仮名の「へ」と同じキーにあることが多いよ。探して入力の仕方を見つけよう。

チャレンジ2

「^」は，オクターブが上がることを指示する記号だったね。

「_」（アンダーバー）は，オクターブが下がることを指示する記号だよ。

次は，自分なりに変えて新しい音楽をつくってみよう。

① 「音楽」を「さくら」「〇〇小校歌」のように曲名に変えてみよう。

② 「ドレミファソラシ＾ド」を好きな音階に変えてみよう。

　長くなるときは，まとまりごとに

```
音楽！『ドレミファソラシ＾ド』追加。
音楽！『ド＾シラソファミレド』追加。
```

のように追加していくといいよ。

③ 「オルガン」をほかの楽器に変えてみよう。知っている楽器の名前を入れてみよう。**128種類も準備されているよ。**

　例　「グランドピアノ」「マリンバ」「ハーモニカ」「ビオラ」「トランペット」
　　　「シタール」「リコーダー」「アゴゴ」「シャナイ」

　ほかに，知っている楽器の名前を書いてみよう。

```
```

チャレンジ3

つくった音楽を保存してみよう。

下の「保存」をクリックして，名前をつけて保存しよう。

「印刷」をクリックすると，自分のプログラムした文字が印刷できるよ。

指導例⑥：音楽ワークシート『ドリトル』を使って
音楽を演奏するプログラムを作ろうB

名　前＿＿＿＿＿＿＿＿＿＿＿＿＿＿

　ドリトルで，もう少し高度な技にちょうせんしてみよう。

　保存した，プログラムを開こう。

チャレンジ1　音の長さを調整しよう。

① プログラムの2行目の高いドの後に「～」を付けて演奏してみよう。

音楽！『ドレミファソラシ＾ド～』追加。

② プログラムの2行目のおんぷの後に，数字を書いて演奏してみよう。

音楽！『ド1レ2ミ4ファ8ソ16ラ8シ4＾ド2』追加。

　音階の後ろに書いた数字は，1が全おんぷ，2が二分おんぷ，4が四分おんぷ，8が八分おんぷ，16が16分おんぷと，音の長さを指示しているんだよ。

チャレンジ2　いろいろな音をプログラムしてみよう。

　音階の後に付けてみよう。

記号	効果	例
＾	オクターブ上げる	ドレミファソラシ＾ド
＿	オクターブ下げる	ドシラソファミレ＿ド
{ }	三連ぷ	{ドドド}
♯	半音上げる	ド♯
♭	半音下げる	ド♭
付点	長さが半分の音を追加	ド4．四分おんぷ＋八分おんぷ
休ふ	・と数字	・16　十六分休ふ

指導例⑦：音楽ワークシート『ドリトル』を使って
音楽を演奏するプログラムを作ろうC

名　前　　　　　　　　　　　　　

ドリトルで，同じメロディーのくり返しがある曲をプログラムしてみよう。

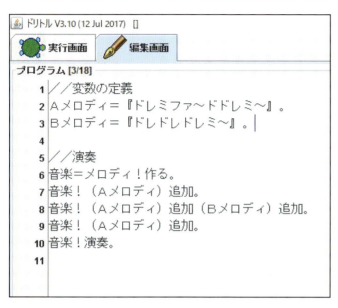

① 「／／変数の定義」として，AメロディとBメロディと名前を付けて音階を書こう。ためしに例の通りに入力しよう。
② 「／／演奏」として，音階の代わりに，（Aメロディ）（Bメロディ）と書くと，「／／変数の定義」に書いた（Aメロディ）（Bメロディ）をちゃんと演奏してくれるよ。
③ 方法がわかったら，自分で曲を作ってみよう。

　ドリトルで選ぶことのできる楽器は，『ドリトルで学ぶプログラミング』［第2版］兼宗進・久野靖著，イーテキスト研究所刊，p.202に一覧表があるよ。

指導例⑧：総合的な学習　授業プラン
プログラミングって何だろう

　『scratch』『ドリトル』などで，プログラミング体験を行った後で行う。
1　授業名　プログラミングって何だろう（45分）
2　授業のねらい
○身近にあるプログラミングを見つけることを通して，プログラミングの意味について理解する。
3　授業計画

学習活動	教師の指示・説明	分
【振り返り】 ○プログラミング体験を振り返り，プログラムの意味を理解する。	・プログラムとは，機械「コンピューター」に人間が意図した処理を行わせるための指示のこと。指示を書くことがプログラミング。児童の体験をもとに具体的にまとめる。	5
【課題の設定】 ○私たちの身近にあるプログラムを探す。	・「プログラミングで連想するものをマンダラートに書き込もう」 ・児童がいくつか書いた時点で書き込んだものを紹介する。例「UFOキャッチャー」「パソコンのお絵かきソフト」。人間の操作と機械の関係を意識させる。	5
【情報の収集】	・マンダラートを班のメンバーと話し合いながら完成する。	15
【整理・分析】	・全員で，マンダラートに書き込んだものをもとにイメージマップを完成する。	15
【まとめ】	・自分の考えたことと，友だちから学んだことを振り返る。	5

※マンダラートは縦3×横3計9マスの正方形。中心にテーマを書き，残りテーマから連想する物を残りの8カ所に書き込ませる思考ツール。
※コンピューターを使わない道具と対比させて，プログラミングについて具体的に理解させる。

指導例⑧：総合的な学習　ワークシート
プログラミングって何だろう

名　前＿＿＿＿＿＿＿＿＿＿＿＿

プログラミングとは

自分の考え
まとめ

身近にあるプログラムを見つけよう

	プログラミング	

プログラミングとは関係ないもの

ふりかえり（わかったことをまとめよう）

指導例⑨：総合的な学習　授業プラン
プログラミングとこれからの社会

『scratch』『ドリトル』などでプログラミング体験を行った後で行う。

1　授業名　プログラミングとこれからの社会（1時間〜2時間）

2　授業のねらい

○AI（人工知能），ビッグデータ，ロボットなど，これからの時代で必要になるプログラミングについて，その良さや問題点について理解する。

3　授業計画　※1時間の場合

学習活動	教師の指示・説明	分
【振り返り】 ○体験を振り返り，プログラムの意味を理解する。	・プログラムとは，機械「コンピューター」に人間が意図した処理を行わせるための指示のこと。指示を書くことがプログラミング。	5
【課題の設定】 ○私たちの身近にあるプログラムを探す。	・私たちの身近にあるプログラムのなかから，AI（人工知能）・ビッグデータ・ロボットに関するものを取り上げ，分担してどんな良さや問題点があるのか調べよう。	5
【情報の収集】	・ジグソー法でまとめる。	20
【整理・分析】	・元の班に戻り調べたことをもとに紹介する。 ・質疑を行い，再度話し合う。	10
【まとめ】	・自分の考えと友だちから学んだことを例としてあげてまとめる。	5

※AI（人工知能）・ビッグデータ・ロボットに関する新聞記事，児童用図書を用意する。予告し，児童に新聞の切り抜きをさせることもできる。

※ジグソー法は，アロンソンが編み出した手法。

① 班のメンバーを，AI（人工知能）・ビッグデータ・ロボットの3つの専門家に分ける。

② テーマごとに集まり，資料をもとにまとめる。（エキスパート活動）

③ 元のグループに戻り，理解したことをお互いに伝え，テーマ全体の理解を深める。

指導例⑩：総合的な学習　授業プラン
プログラムを悪用したコンピュータウイルスやネット詐欺

1　授業名 プログラムを悪用したコンピュータウイルスやネット詐欺（1時間）
2　授業のねらい
○プログラムを悪用したコンピュータウイルスやネット詐欺の手法について体験を通して理解する。
3　授業計画

学習活動	教師の指示・説明	分
【振り返り】 ○持っている知識を整理する。	・「コンピュータウイルスやネット詐欺について知っていることを書いてみましょう」。コンピュータウイルスやネット詐欺について理解を深める。	5
【課題の設定】 ○新聞記事を元に実例を知る。	・プログラムを悪用したコンピュータウイルスやネット詐欺についての新聞記事をもとに，受け取る立場になった追体験を行う。	10
【情報の収集】 ○対応を考える。	・自分が受け取ったらどうするといいのかを考え，班で意見を交換する。	20
【整理・分析】 ○対応を整理する。	・班で出た対応の方法を全体に発表する。	10

※コンピュータウイルス対策としては，ウイルス対策ソフトを使う。使っているソフトは最新の状態にする。差出人が誰かわからないメールや見覚えのない差出人からのメール，添付ファイルは開かない。危ないホームページを開かない。持ち主のはっきりしないUSBをパソコンにつながないなどを確認する。子どもたちから出ないときは説明する。
※ネット詐欺については，知らない人からのメールは開かない，返事は絶対にしない，保護者に相談するなどを確認する。
※「総務省　国民のための情報セキュリティサイト」が参考になる。

指導例⑪：総合的な学習　授業プラン

人間とプログラミング

1　授業名 人間とプログラミング（1時間）
2　授業のねらい
○ロボットと人間を比較することで，人間らしさとは何か，人間にしかできないことは何か，人間としてどのように暮らしていけばいいのかなどについて考えさせる。
3　授業計画

学習活動	教師の指示・説明	分
【課題の設定】 ○人間とロボットの同じところと違うところを考えてみよう。	・ロボットの動画を見せる。 「人間とロボットの同じところと違うところを考えてみよう。」	10
【情報の収集】 ○課題について自分の考えを持つ。	・思考ツールのベン図に書き込みながら，人間とロボットの同じところと違うところを考える。 （人間／ロボット のベン図）	15
【整理・分析】 ○整理する。	・全員でベン図に書いたものを板書し，人間とロボットの同じところと違うところを考える。	15
【まとめ・表現】 ○振り返る。	・自分の考えと友だちから学んだことを例としてあげてまとめる。	5

※ベン図は，共通点と相違点を整理するのに有効な思考ツール。
※人間とロボットの違いを明確に表現することは難しいので，現時点で一般的に考えられていることで共通理解する。人間には心があるがロボットにはない，人間は自由に物を考えることができるが，ロボットは人間がプログラムしたことをする機械であるなど。

2 プログラミング体験学習
—〈スクラッチ〉子ども向け授業書型ワークシート—

(1) スクラッチについての基本情報

① スクラッチを使う理由

ビジュアルプログラミング言語のなかで，スクラッチを選んだのは，日本語に対応している，教室で使うことを考慮して作られている，作品例が多い，ユーザーが多く作品を公開することが簡単にできる，マニュアル本も多いなどの理由からです。

② スクラッチの名前の由来

スクラッチには，ひっかくこと，ハンデをつけないでプレーすることなどのほかに，ディスクジョッキーがレコードを手でこする技術の意味があります。ディスクジョッキーが気軽に曲をミックスすることから，いろいろな機能ををミックスするソフトということでスクラッチと名前が付けられました。

③ スクラッチのバージョン

スクラッチの最新バージョンは，1.4 と 2.0 です。1.4 はパソコンにダウンロードして使い，作品は使っているパソコンに保存します。2.0 はインストールせずにインターネットに接続した状態で使い，作品はウェブ上に保存します。対象年齢が6歳から8歳のタブレット用アプリ，スクラッチジュニアもあります。

機能的には，学校でプログラミング体験をする範囲内では 1.4 でも 2.0 でも構わないと思います。本書では，2.0 の使用を前提にしています。2.0 は，学級や学校で作品を1つのプロジェクトに集約して互いの作品を見ることができます。また，学校を卒業しても，ユーザーIDとパスワードさえわかっていれば，自宅で継続して使えるなどの特色があります。1.4 がインターネットと接続しない状態で使える点を長所としてとらえ，小学校低学年での利用にむいているという考え方もあります。

(2) 授業の前にしておくこと

① 教師用アカウントを取得します。

教師用アカウントを取得すると，生徒用のアカウントを個々のメールアドレスなしで登録することができます。また，生徒の作品を共通のスタジオに登録させることで，互いの作品を簡単に見ることができるようになります。また，教師が生徒のコメントを確認することができるようになります。

② スクラッチのホームページを開きます。

検索ワードは「スクラッチ　公式」（例）です。

ホームページアドレスは「Scratch - Imagine, Program, Share」です。

③　トップページの下にある「教育関係者の皆様へ」から申請します。
④　申請して約1日後に特に問題がなければ承認されます。
　　それまで一般のアクセスは可能です。
⑤　承認されると，登録したメールアドレスに連絡メールが届きます。
　　承認された後は，ホームページの右上に教師用の選択肢が現れます。

⑥　「私のクラス」をクリックします。

⑦　クラス名を付けて登録します。
　　ここでは例として「琉球大学教職大学院」といれています。

⑧ 児童を一人一人登録します。

登録は，エクセルで児童名（本人に付けさせる，個人情報が含まれない名称）と仮のパスワード（教師が無作為につける6桁のパスワード）を一覧にした物を作成すると簡単にできます。

「CSVアップロード」をクリック，「例をダウンロード」をクリック。ダウンロードしたサンプルに必要な情報を入力し保存し，改めて下のページの「生徒をアップロードから登録します。

⑨ 児童側の手順は，「ユーザー名」と「仮パスワード」でログインし，生まれた年と月，性別のみ登録します。

⑩ 必要に応じて，児童それぞれのパスワードを変更させます。

パスワードについての指導もここで行います。パスワードを忘れると，ログインすることができなくなり，保存した作品が見られなくなるので，覚えやすいパスワードにすることと，人には教えないこと，生年月日のように他人が簡単に当てられる数字にはしないこと，どこかにメモしておくことなどを指導します。

⑪ 新しいパスワードでログインできたら成功です。

(3) スクラッチの子ども向け授業書型ワークシート

　教師が子どもたちにスクラッチの使い方を教えるときや，子どもたちが自分でスクラッチを学ぶときに使えるテキストを21種類作成しましたので，ご活用ください。

■ 子どもが自分でスクラッチを学ぶ21のテキスト

1	ためしてみよう	ユーザー作成のソフトをためそう
2	登録しよう①	家庭での登録方法
3	登録しよう②	学校で登録しよう
4	スクラッチ画面を知ろう	それぞれの場所の名前を覚えよう
5	スクリプトを知ろう①	「動き」「見た目」のはたらきを知ろう
6	スクリプトを知ろう②	「音」「ペン」のはたらきを知ろう
7	スクリプトを知ろう③	「制御」「イベント」「調べる」のはたらきを知ろう。
8	いろいろな動きをプログラミング	スプライトが動くプログラムを書こう
9	プロジェクトを保存しよう	保存の方法をしっかり覚えよう
10	いろいろなプログラミング①	保存したプログラムを開こう
11	いろいろなプログラミング②	背景やスプライトを変えよう
12	いろいろなプログラミング③	スプライトの色や大きさを変えよう
13	いろいろなプログラミング④	スプライトのコスチュームを変えよう
14	音を鳴らそう	用意されている音や自分の声を鳴らしてみよう
15	音を使おう①	ねこがボールをけると音楽が鳴るプログラムを作ろう
16	音を使おう②	いろいろな楽器の音を使ってみよう
17	ペンを使おう	スプライトが動くと線が残るプログラムを書こう
18	友だちの作品を見よう	友だちの作品を見て感想を書きこもう
19	スプライトを工夫しよう①	自分好みのスプライトを作ろう
20	スプライトを工夫しよう②	二つのスプライトをプログラムしよう
21	自分で作ろう	ヒントを見ながらプログラムにちょうせんしよう

スクラッチ1：ためしてみよう
ユーザー作成のソフトをためそう

名　前＿＿＿＿＿＿＿＿＿＿＿＿＿＿

① スクラッチを開こう。けんさくワードは「スクラッチ　公式」。
② リストから「Scratch - Imagine, Program, Share」をクリック。
③ このようなページが開いたら成功。左上の「見る」をクリック。

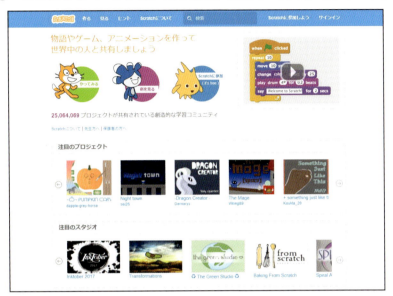

④ いろいろなグループに分かれているよ。

　アニメーション，アート，ゲーム，音楽などのジャンルに分けて世界各地の人が作った作品が公開されているから見てみよう。ゲームの方法がわからないときは，いろいろためしてみよう。面白い作品を見つけたら友だちにしょうかいしてみよう。

⑤ 作品の，右上にある「中を見る」をクリックすると，作品のプログラムを見ることができるよ。

スクラッチ2：登録しよう①
家庭での登録方法

名　前　　　　　　　　　　　　　　

スクラッチに個人で登録するときは，保護者のメールアドレスが必要になります。

① **スクラッチを開こう。**

右上の「Scratchに参加しよう」をクリック。

② **Scratchで使う名前代わりのユーザー名を考えて入力しよう。**

ユーザー名は，3文字から20文字までで，半角英数字とアンダーバーしか使えません。ユーザー名の例　nohara948　fqo78ei

```
使えません　 Ａ　 c　 １　 ＊　 ／　 山　 た　 キ
使えます　　 Ａ　 a　 _　 1
```

人が見ていやな気持ちになるかもしれない名前は使わないようにしよう。

③ **6文字以上のパスワードを考えて入力しよう。**

ユーザー名とパスワードを忘れると，保存した作品を呼び出して修正したりできなくなるよ。メモをして，パスワードは人には見せないようにしよう。

④ **保護者の許可をもらって，メールアドレスを入力しよう。**

⑤ **登録が終わったらログインしてみよう。**

スクラッチ３：登録しよう②
学校で登録しよう

名　前＿＿＿＿＿＿＿＿＿＿＿＿

　スクラッチを使うとき，ユーザー名とパスワードが必要になります。

　ユーザー名とパスワードがあると，世界中のどこからでもインターネットに接続できるパソコンから，自分の作った作品を見たり，続きを作ったりすることができます。

　ユーザー名は，スクラッチを使うときに入力するだけではなく，作品をインターネットで公開するときにも作者名として公開される大切な情報です。

　ユーザー名は，３文字から 20 文字までで，半角英数字とアンダーバーしか使えません。ユーザー名の例　nohara948　fqo78ei

```
使えません　Ａ　ｃ　１　＊　／　山　た　キ
使えます　　Ａ　ａ　_　１
```

　人が見ていやな気持ちになるかもしれない名前は使わないようにしよう。

　パスワードは，先生からもらいます。

　ユーザー名とパスワードを忘れると，保存した作品を呼び出して修正したりできなくなるよ。メモをして，パスワードは人には見せないようにしよう。

スクラッチ４：スクラッチ画面を知ろう
それぞれの場所の名前を覚えよう

名　前　　　　　　　　　　　　　

左上の「作る」をクリックすると下のような画面が出てくるよ。

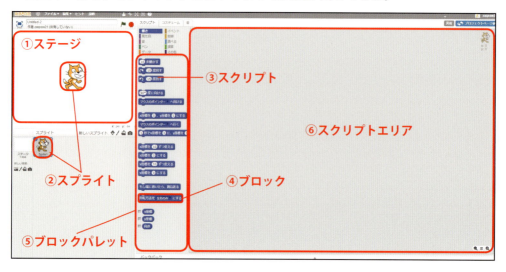

　場所の説明です。わからなくなったらこのプリントで確認しよう。
① 「ステージ」は，プログラムの結果を見るぶたい
② 「スプライト」はキャラクターのことで，最初に用意されているねこなど
③ 「スプライト」に出す指示が「スクリプト」
④ 「スクリプト」が書いてある，横長のカードのようなものが「ブロック」
⑤ 「ブロック」が並んでいる縦長の場所が「ブロックパレット」
⑥ 「ブロック」を置いて「スプライト」に指示を出すプログラムを書くのが「スクリプトエリア」

スクラッチ５：スクリプトを知ろう①
「動き」のはたらきを知ろう

名　前

①前に〇〇歩進む（いろいろな歩数をためしてみよう）
②右に〇〇度回転する（90度だと下を向くよ）
③左に〇〇度回転する
④スプライトの向きを変える
　90▼←この▼をクリックしよう
　・90度に向ける　　右を向く
　・-90度に向ける　　左を向く
　・0度に向ける　　　上を向く
　・180度に向ける　　下を向く
⑤マウスのポインターの方向に向きを変える
⑥指定したｘ座標，ｙ座標の位置に動く
⑦スプライトがマウスのポインターの場所か，適当な場所に動くかを選ぶ
⑧指定した時間をかけて指定したｘ座標，ｙ座標の位置に動く
⑨ステージ上の場所を表すのが座標
　・中心が０
　・横がｘ座標
　・縦がｙ座標

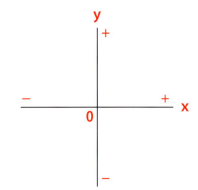

⑩スプライトがステージのはしに着いたときに，止まらずに元の方向にはね返る
⑪端に着いてはね返るときの，スプライトの動き方を（左右のみ・回転しない・自由に回転）から選ぶ
⑫✓を入れると，スプライトの場所，向きが数字で表される

49

スクラッチ5：スクリプトを知ろう①
「見た目」のはたらきを知ろう

名　前　　　　　　　　　　　　　　

①スプライトがふき出しを使って話す言葉と表示される時間を選ぶ（Hello! の部分を自分の考えた言葉に変える）

②スプライトの考えと表示される時間を選ぶ（Hmm... の部分を自分の考えた言葉に変える）

③指定した物を表示する（指定したときに見えるようにする）

④指定した物をかくす（指定したときにかくす）

⑤スプライトの見た目を変えるときにコスチュームを使う（ねこのコスチュームを1と2から選ぶ）

⑥背景を選ぶ（スクラッチに用意されているものだけでなく，自分でデザインしたり，とった写真を使ったりする）

⑦画像効果の種類と変え方を選ぶ
　・色　・魚眼レンズ　・渦巻き　・ピクセル化
　・モザイク　・明るさ　・幽霊

⑧大きさの変化を選ぶ
　・大きさを〇ずつ変える　　くり返す
　・大きさを〇％にする　　　1回だけ変える

⑨スプライトを一番前に出す

⑩重なっているスプライトのなかで，どこにスプライトを置くか選ぶ

スクラッチ６：スクリプトを知ろう②
「音」のはたらきを知ろう

名　前＿＿＿＿＿＿＿＿＿＿＿＿＿＿

①鳴らす音を選ぶ（自分で録音した音やパソコンに保存してある音から選ぶ）
②スプライトの動きが終わるまで鳴る音を選ぶ（スネアドラム・拍手・コンガなど18種類から選ぶ）
③鳴るドラムの種類と鳴る時間を選ぶ
④何はく休むかを選ぶ
⑤おんぷと何はく鳴らすかを選ぶ

⑥楽器を選ぶ（ピアノ・ギター・チェロなど21種類から選ぶ）
⑦音量の変わり方を選ぶ
　・音量を○ずつ変える　くり返す
　・音量を○％にする　　１回だけ変える
⑧音量を選ぶ
⑨おんぷやドラムの速さの変わり方を選ぶ
⑩おんぷやドラムの速さを選ぶ

スクラッチ６：スクリプトを知ろう②
「ペン」のはたらきを知ろう

名　前

①ペンで書いた線やスタンプ（ハンコ）を消す

②スプライトのイラストがスタンプのように残る

③スプライトが動くと線が引かれる

④スプライトが動いても線が引かれない

⑤ペンの色を選ぶ（四角をクリックして指先マークにする。指先マークでスクラッチ画面上の使いたい色をクリックする）

⑥ペンの色の変わり方を選ぶ（数字を大きくすると，色の変わり方が速くなる）

⑦ペンの色を決める（数字を変えると色が変わる）

⑧ペンのこさを変える（くり返し変わる）

⑨ペンのこさを決める（一度決めた濃さで変わらない）

⑩ペンの太さの変わり方を選ぶ（くり返し変わる）

⑪ペンの太さを変える（一度決めた太さで変わらない）

スクラッチ7：スクリプトを知ろう③
「制御」のはたらきを知ろう

名　前

①実行の前に待つ時間を選ぶ
②同じ行動をくり返す（□の中にくり返したい行動を入れる）

③ずっと同じ行動をくり返す（かべで止まるときは，動きの「もし端に着いたら，跳ね返る」を使うとくり返す）
④もし（　）なら（　）する
　・1つめの（　）には調べるの「〜に触れた」「〜が押された」などの条件を入れる。
　・2つめの（　）には動きの「〜度回す」や見た目の「〜と言う」などの変化を入れる。
⑤もし（　）なら（　）する，でなければ（　）する
⑥（　）まで待つ（条件に合うまでは，下のプログラムを実行しない）
⑦（　）まで（　）をくり返す（条件に合うまで，ずっとくり返す）
⑧（　）を止める
⑨同じ物を複製するのがクローン
　・クローンについては難しいのでふれなくてもよいです。

スクラッチ7：スクリプトを知ろう③
「イベント」「調べる」のはたらきを知ろう

名　前　　　　　　　　　　　　　　

プログラムを実行する合図を選ぶ

①旗をクリックされたとき
②指定したキーがおされたとき（パソコンの，スペース・
　↑・↓・→・←・a・b・cなどから選ぶ）
③このスプライトがクリックされたとき
④指定した背景になったとき
⑤指定した音量より大きくなったとき
⑥メッセージを使った指示

プログラムを実行する条件を決める

⑦マウスのポインターがはしにふれたとき
⑧スプライトが指定した色にふれたとき（色は□をクリック
　して指先マークにする。指先マークで，スクラッチ画面上
　の使いたい色をクリックする）

スクラッチ8：いろいろな動きをプログラミング
スプライトが動くプログラムを書こう

名　前　＿＿＿＿＿＿＿＿＿＿＿＿＿

① 基本の操作を覚えよう。

「スクリプト」から指示のブロックを選んで，右側の「スクリプトエリア」にドラッグ。動かしたブロックをクリックしてみよう。

② ブロックの中の数字を変えてみよう。

白い丸の中に書いてある数字を，いろいろな数字に変えてみよう。数字は半角数字で入力するよ。

③ 右のかべの中に入って「スプライト」（ねこ）が動かなくなったら，「スプライト」をドラッグして元の場所に動かしてみよう。

④ 「スプライト」がはしに来たら，もどるようにするにはどうしたらいいだろう。

「スクリプト」をよく見て考えよう。

⑤ 「動き」にある，「ランダムな場所へ行く」「（　）度回す」などのブロックを使ってプログラミングしてみよう。

スクラッチ9：プロジェクトを保存しよう
保存の方法をしっかり覚えよう

名　前＿＿＿＿＿＿＿＿＿＿＿＿＿＿

① 保存したいと思ったら，左上の「ファイル」をクリック。

② 完成したプログラミングは，「直ちに保存」。
③ 作成とちゅうで，今の状態を保存しておきたいときは「コピーを保存」すると **copy** が保存されるよ。

　いつでも，今の状態を保存したいときは，「コピーを保存」をクリックすると copy が次々に保存されるよ。

　「私の作品」に，そのときどきの copy が別々に保存されるから，失敗した！　やり直したい！　と思ったときは，保存してあるなかから選んで，そこからやり直すことができるよ。

　「私の作品へ行く」をクリックして「私の作品」から開きたい作品を選んで開くと，見たり，修正したりすることができるよ。

　本当に不要になったらさくじょしよう。

スクラッチ 10：いろいろなプログラミング①
保存したプログラムを開こう

名　前　　　　　　　　　　　　　

① 保存したプログラムを開こう。

「ファイル」－「私の作品へ行く」リストから，開きたい作品を選び，「中を見る」をクリック。

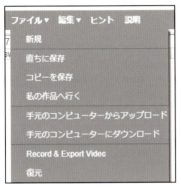 

② 旗クリックでスタートさせよう。

「イベント」の「旗がクリックされたとき」を使うと，ステージの右上にある旗をクリックすることでプログラムが開始するよ。

③ 同じ指示を続けて出してみよう。

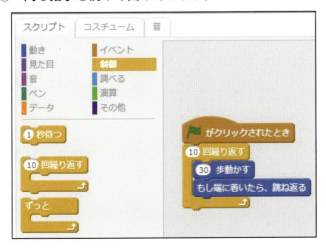

「制御」にある「10回繰り返す」をクリックすると，□のなかに置いたプログラムを指定した回数だけくり返すよ。くり返したいブロックを近づけると，自分から調節してきれいに包みこむよ。

57

スクラッチ11：いろいろなプログラミング②
背景やスプライトを変えよう

名　前

① 背景を変えてみよう。

　左下にある 新しい背景: をクリックすると「新しい背景」が作れるよ。

　風景マークをクリックすると，すてきな背景がたくさん用意されているよ。一番下には，けい線や座標もあるよ。

　ペンマークをクリックすると，自分で背景をえがくことができるよ。

　ファイルマークをクリックすると，右の例のように使っているパソコンに保存してある写真も背景にすることができるよ。

② スプライトを変えてみよう。

　ステージ右下  が，キャラクター「スプライト」を変えるボタン。「背景を変えてみよう」と同じルールだよ。

　自分で作ったオリジナルキャラクターを写真やイラストで作成して，「スプライト」として使うこともできるよ。

 筆で書く
直線を引く
四角形をかく
だ円をかく
テキストを書く
ぬりつぶす
消す
選たくする
背景をさくじょする
複製する

スクラッチ 12：いろいろなプログラミング③
スプライトの色や大きさを変えよう

名　前　　　　　　　　　　　　

① 見た目をプログラムしてみよう。

「イベント」の Hello!と2秒言う を使うと、「スプライト」が、設定した秒数だけふき出しを使って話すよ。「Hello!」の部分は自分で変えられるよ。
Hmm...と2秒考える だと何が変わるかためしてみよう。

② 同じようにいろいろな見た目の変化をプログラムしてみよう。

いろいろな効果のプログラムを設定することができるよ。
2秒待つ を使うと、変化の間に指定した時間待つ時間が生まれるよ。
それぞれの効果をためしてみよう。

この2つは、スプライトの大きさを変えるスクリプトだよ。

59

スクラッチ 13：いろいろなプログラミング④
スプライトのコスチュームを変えよう

名　前 ＿＿＿＿＿＿＿＿＿＿＿＿＿＿

① 「スプライト」に変化をつけてみよう。

　スプライトを変化させることもできるよ。
　コスチュームを選ぶと右の画面になるよ。
　変化をつけたい「スプライト」の上で右クリック。
　「複製」「削除」「ローカルファイルに保存」の窓が現れたら複製をクリック。
　コスチューム1の複製がコスチューム3として現れるから，これを変化させてみよう。

② 　全くちがうデザインをえがいて「スプライト」の変形として保存することもできるよ。

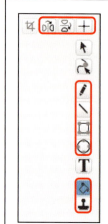

左右回転　上下回転　座標

えんぴつで書く
直線を引く
四角形を書く
円をえがく

図形の色を変える
複製する

スクラッチ 14：音を鳴らそう
用意されている音や自分の声を鳴らしてみよう

名　前＿＿＿＿＿＿＿＿＿＿＿＿＿＿＿

① 「meow」の音を出してみよう。

「スクリプト」－「音」の meowの音を鳴らす を「スクリプトエリア」にドラッグしてクリック。

② ほかにもいろいろな音が鳴らせるよ。

新しい音を設定してみよう。

左から順に，「音をライブラリーから選択する」「新しい音を録音する」「ファイルから新しい音をアップロード」

③ 「音をライブラリーから選択する」をクリック。

たくさんの音が用意されているからためしてみよう。

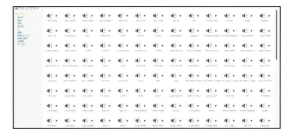

④ マイクを使って，自分の声などをその場で録音して使うことができるよ。

●録音　▶再生　■停止

⑤ 編集や効果をつけることもできるよ。

パソコンに保存されている音も使うことができるけど，他の人に著作権がある音は使えないので気をつけよう。

「フェードイン」と「フェードアウト」の効果を言葉で書いてみよう。

・「フェードイン」
（　　　　　　　　　　　　　　）

・「フェードアウト」
（　　　　　　　　　　　　　　）

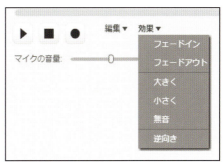

スクラッチ 15：音を使おう①
ねこがボールをけると音楽が鳴るプログラムを作ろう

名　前＿＿＿＿＿＿＿＿＿＿＿＿＿

① 背景を「ライブラリー」の「beachrio」に変える。

② 新しい「スプライト」として「ライブラリー」から「Ball」を選ぶ。

③ 「スプライト」をクリックして指定する。

指定した後で，動作の指示を「スクリプト」を使って書くんだよ。

④ 「〇〇歩動かす」

「もし（　　　）なら」の（　　　）に

「（　）色に触れた」

「（　）の音を鳴らす」

と順に置く。

 の「色」の前にある□をクリックし，次にボールをクリックすると，□のなかにボールの色が自動的に書きこまれるよ。

スクラッチ 16：音を使おう②
いろいろな楽器の音を使ってみよう

名　前 _____

① いろいろな音を鳴らそう。

スクラッチでは，ドラムやピアノなどいろいろな楽器の音を選んで鳴らすことができるよ。

用意されている楽器音のいろいろ。ドラム音も種類が豊富。

② 知らない楽器のなかから一つ選んで，どんな楽器か調べてみよう。

楽器名（　　　　　　　　　　）

③ 音階，長さ，音量，テンポを設定してみよう。

スクラッチ 17：ペンを使おう
スプライトが動くと線が残るプログラムを書こう

名　前＿＿＿＿＿＿＿＿＿＿＿＿＿＿

① 「スクリプト」－「ペン」－「ペンを下ろす」とプログラムすると，「スプライト」が動いた後に線が引かれるよ。

② 「ペンを上げる」だと線は引かれない。

 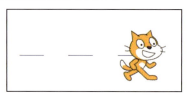

③ ペンの色，こさ，太さを数値で指定して変化させることができるよ。

 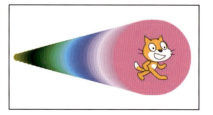

④ 「スタンプ」で移動した後も形を残すことができるよ。

スクラッチ 18：友だちの作品を見よう
友だちの作品を見て感想を書きこもう

　　　　　　　　　　　　　　　　名　前　_____

① 　スクラッチを開く。
② 　右上の自分のユーザー名をクリック。

③ 　自分のクラスをクリック。
④ 　クラススタジオのなかの見たいスタジオをクリック。
⑤ 　自分の作品や友だちの作品の一覧が出てくるから見るプロジェクトを選んでクリック。

⑥ 　プロジェクトを見た感想を左下のコメントらんに書く。

　　作成した友だちはもちろん，だれが読んでも，楽しく読めて，意味がわかるよう，よく考えてコメントを書こう。

⑦ 　このプロジェクトをお気に入りにしよう。
　「このプロジェクトが好き」もクリックしよう。

スクラッチ 19：スプライトを工夫しよう①
自分好みのスプライトを作ろう

名　前　　　　　　　　　　

① 新しいスプライトのペンのイラストをクリック。

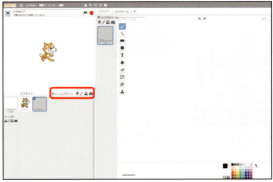

　色は右下のパレットで指定できるよ。
　ペンキ入れのマークをクリックして，線で完全に囲んだ場所をクリックすると色をぬることができるよ。
　完全に囲まないと全体の色が変わってしまうから注意しよう。
　大きすぎたり小さすぎたりしたときは，指定して拡大縮小することができるよ。

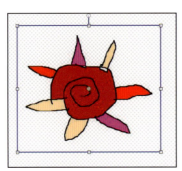

　　　　　　　　　　　　　　　　真ん中が指定ボタン。
　　　　　　　　　　　　　　　　　図形を指定して，わくの角にカーソルを置くと拡大や縮小ができるよ。

② いくつか新しいスプライトを作ってみよう。

スクラッチ 20：スプライトを工夫しよう②
二つのスプライトをプログラムしよう

名　前＿＿＿＿＿＿＿＿＿＿＿＿＿＿＿

① とちゅうで「コピーで保存」を何度もしよう。

　プログラムがうまくいかなかったときに，「私のアルバム」を開いて，成功していた場所から作り始めることができるよ。

② **一つ目の「スプライト」をプログラムしよう。**

　「スプライト」のリストができた場所を見て，一つ目のプログラムをしようとしている「スプライト」をクリック。

　「スクリプト」から目的に合った指示を見つけてプログラムしよう。

③ **二つ目の「スプライト」をプログラムしよう。**

　二つ目の「スプライト」をクリックして，一つ目と同じように目的に合わせてプログラムしよう。

④ 終わったら，目的通りに動くかためして，成功しなかったら修正しよう。

⑤ 完成したら保存しよう。

スクラッチ21：自分で作ろう
ヒントを見ながらプログラムにちょうせんしよう

名　前

① 「ヒント」をクリック。
② 気に入ったプロジェクトを選んで開こう。

③ 右側に出てくるヒントを見ながら，自分でプログラムを作ろう。
「クリックして始める」からスタートしよう。
④ 気に入った「プログラム」の「中を見る」をクリックして，色を変える，文字を変える，スプライトを変えることもできるよ。

　プログラムの気に入ったところをコピーして，自分で全体を作り直すなどいろいろためしてみよう。

3 クラブ編 子ども向け授業用テキスト
―〈ドリトル〉の子ども向け授業書型ワークシート―

(1) ドリトルを使ったプログラミング体験学習を行うまでにすること

① **パソコンにダウンロード。**

「ドリトル プログラミング」で検索。

プログラミング言語「ドリトル」をクリック。

② **ダウンロードをクリック。**

ダウンロードページで，使用OS等に合わせて選択してクリック。ウィンドウズ用は音楽の演奏が必要な場合と不要な場合の2種類ある。

③ ダウンロードされたドリトルのファイル「**dolittle32win-jre6.zip**」を解凍する。

解凍は，windows 7 以降の場合，右クリック→すべて展開で解凍できる。

＊それ以前の windows では別途解凍ソフトが必要になる。「Lhasa」などが有名。

④ 「**dolittle.bat**」または「**dolittle.tab**」をクリックして起動するかどうか確認する。

うまくいったらデスクトップにショートカットを保存しておこう。ドリトルが開くとこういう画面になります。

⑤ ドリトルの解凍したファイルを，パソコンのCなどにわかりやすい名前のフォルダを作って保管する。

⑥ 子どもたちがパソコンに電源を入れて，ドリトルを開くところまでを，広幅用紙に書いて掲示するか，印刷してクリアケースに入れて人数分用意する。

⑦ **保存方法のルールを決める。**

パソコン本体に，「パソコンクラブ」フォルダを作成し，そのなかに，「児童名」のフォルダを作成し，作品を1から順に名前をつけて保存するというようなルールを最初に決めます。

保存方法は，学校のパソコン環境に応じて検討し，広幅用紙に書いて掲示するか，印刷してクリアケースに入れて人数分用意しましょう。

＊インストール，マニュアルなどの詳細は「ドリトル」情報ページを参照してください。

https://dolittle.eplang.jp/

(2) ドリトルでコーディング体験──子ども向け授業書型ワークシート──

コラム
小学校のクラブ活動で教えるドリトル

　琉球大学教育学部では，数学科の日熊隆則先生をはじめとして技術科や家庭科，音楽科などこれまでプログラミングとは直接結びつかなかった教科の教員も一緒になって，附属小学校のプログラミングクラブの活動に携わっています。クラブ活動の時間数は他の教科に比べるとかなり限られているため (2017年度は6時間でした)，授業中にできることも限られてくるのですが，子ども達は短い時間の中でもプログラミングを通して自分の世界を創りあげます。

　図は授業で行った例題です。タートルの頭上を，赤い流星が流れるというグラフィックを制作します。プログラムの構成は，星を描く，図形として定義する，流星として動かすといった内容です。簡略化せずに記述すると全部で7行程度のプログラムです。子どもたちは，個人差はありますが10分ほどで例題をそこそこに，星を増やしたり，色を変更したり，星の形そのものを変えたり……とカスタマイズしていきます。ここで，「流れる間に3回願い事が言えたら，願いが叶うよ」と教室へ投げかけてみると，星の動く速度を変更するのはもちろん，星の大きさを変えるなど，予想もつかない方法でそれぞれ願い事を叶えていくのです。

　クラブ活動は，教科の指導とは違い学年の異なる子ども達が混在するため難しい場面もありますが，プログラミングクラブではデバッグ時からカスタマイズ時まで常に子ども達同士で学び合いが存在します。そこには大人が考えもしない新しい世界が確実に存在するのです。

岡本牧子（琉球大学教育学部）

ドリトル1
タートル登場（ためしてみよう）

名　前＿＿＿＿＿＿＿＿＿＿＿＿＿

① ドリトルを開こう。

　自分でドリトルが開けるように，ドリトルが保存されている場所をメモしましょう。

　【　　　　】－【　　　　】－【　　　　】－【　　　　】

② ドリトルの画面が開いたら，プログラミングを始めよう。

③ 編集画面に，右のように「タートル！　作る。」を入力しよう。

④ 「実行！」ボタンをクリックしよう。

⑤ 何か登場したら成功。エラーが出たら，正しく書いたか，上のモデルと比べてまちがっていないか確かめよう。

　プログラムのまちがいを修正することを「デバッグ」と言います。

⑥ 成功したら先生から指示された場所に保存しよう。

　「保存」→指示された場所→新しいフォルダ作成→「名前入力」→「ファイル名入力」→「保存」

⑦ 保存した場所を記録しよう。

　【　　　　】－【　　　　】－【　　　　】－【　　　　】

⑧ 「終了」でドリトルを閉じる。

ドリトル2
かめた動く！（動かそう）

名　前　　　　　　　　　　　　　

① ドリトルを開いて，前回保存したファイルを開きます。

　保存した場所を忘れたときは，ドリトルワーク１で保存した場所を確認しよう。

② タートルを動かすプログラムを作ろう。
　入力したら「実行画面」で「実行！」ボタンをクリック。

③ タートルを動かすためのボタンをつけてみよう。
　入力したら「実行画面」で「実行！」ボタンをクリック。

・「かめた」の名前を変えるときは，他のすべての「かめた」も同じ新しい名前に変えないと動かないよ。
・ボタン：動作＝「ひろし！100　歩く」。
　「。」を忘れたら動かないから，気をつけよう。

④ 歩数をいろいろ変えて実行しよう。

ドリトル3
美しい図形を書こう（もっと動かそう）

名　前　_____

① 右の例の通りに入力しよう。

② 右図のような，ボタンができたかな。実行のボタンをクリックしてみよう。

③ 歩数と角度を変えて自由に作品を作ってみよう。

　　かめた＝タートル！　作る。
　　前進ボタン＝ボタン！　"前進"　作る。
　　前進ボタン：動作＝「かめた！　100　歩く」。　←歩数を変えてみよう
　　左回りボタン＝ボタン！"左回り"　作る。
　　左回りボタン：動作＝「かめた！　90　左回り」。←角度を変えてみよう
　　※「←歩数を変えてみよう」「←角度を変えてみよう」は書かないよ。

④ 次の図形を書いてみよう。

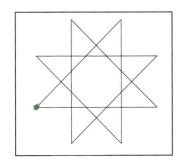 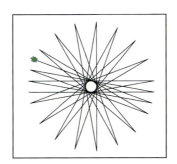

ドリトル4
正方形を簡単に書こう

名　前＿＿＿＿＿＿＿＿＿＿＿＿＿

① 　ドリトルワーク3のプログラムを開いて，正方形を書こう。

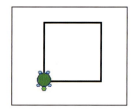

かめた＝タートル！　作る。
前進ボタン＝ボタン！　"前進"　作る。
前進ボタン：動作＝「かめた！　100　歩く」。
左回りボタン＝ボタン！"左回り"　作る。
左回りボタン：動作＝「かめた！　90　左回り」。

② 　ボタンを作らないで正方形を書く方法を練習しよう。

同じ指示をくり返すときは，下の例のように書くよ。

③ 　歩数と角度をいろいろ変えて「繰り返す」を使ったプログラムをしてみよう。

ドリトル5
いろいろな図形を書こう

名　前　_____

① モデルを入力しよう。

```
ドリトル V3.10 (12 Jul 2017) []
 実行画面    編集画面
プログラム [10/1]
1 かめた＝タートル！作る。
2 ボタンA＝ボタン！"あるく" 作る。
3 ボタンA：動作＝「かめた！20 歩く」。
4 ボタンB＝ボタン！"左回り" 作る。
5 ボタンB：動作＝「かめた！20 左回り」。
6
```

② モデルをもとに，「左回り」の角度を変えて，いろいろな図形を書いてみよう。

	形をフリーハンドで書いてみよう	動作 かめた！○○　左回り
正方形		かめた！20　左回り
正五角形		
正八角形		
正方形		
平行四辺形		

③ 円をえがいてみよう。

ドリトル6
線の色や太さを変えよう

　　　　　　　　　　　　　　　　　名　前

① 線に色をつけよう。

　8色（黒，赤，緑，青，紫，水色，黄色，白）から選んでモデルのように入れてみよう。

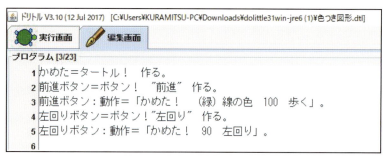

② 線の太さを変えよう。

　はじめの太さは30。

　線をつけたり消したりは「ペンあり」「ペンなし」で指示できるよ。

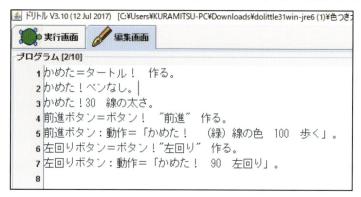

ドリトル7
図形に色をぬろう

名　前＿＿＿＿＿＿＿＿＿＿＿＿＿

① 書いた図形に色をぬってみよう。

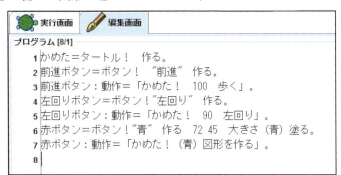

こんな画面になるよ。

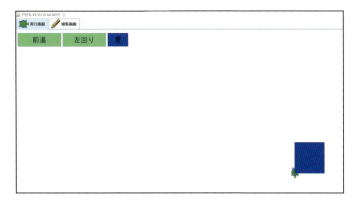

② 色のボタンを増やそう。

　青，黄色，紫，白，緑，赤，黒，水色の8色が使えるよ。

　1の「赤ボタン＝ボタン！"赤" 作る　72 45　大きさ（赤）塗る。」に続けて，「赤」の部分を変えて書き加えていけばいいよ。

```
黄ボタン＝ボタン！"黄" 作る　72 45　大きさ（黄）塗る。
黄ボタン：動作＝「かめた！（黄）図形を作る」。
```

ドリトル8
タイマーを使おう

名　前＿＿＿＿＿＿＿＿＿＿＿＿＿

① タイマーを使うと動くスピードを変えることができるよ。

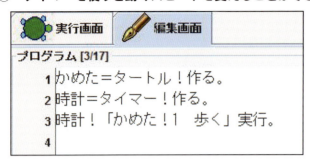

② 3行目の「かめた！1　歩く」実行。の1をいろいろな数字に変えてみよう。

③ 　2　実行する回数とかんかくも指定できるよ。

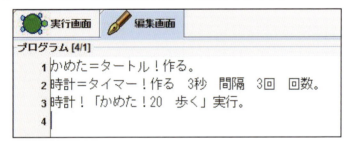

2行目の「時計＝タイマー！作る　3秒　間隔　3回　回数。」の「3秒」が実行するかんかくで，「3回」は実行する回数だよ。

④ 回数の代わりに全部の実行時間を指定することもできるよ。

この場合は，10÷2で実行回数は5回になるよ。

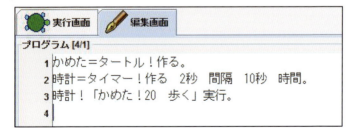

ドリトル9
いろいろ工夫してみよう

名　前＿＿＿＿＿＿＿＿＿＿＿＿＿

① 「かめた！　ペンなし　100　歩く」で，動いた後に線が引かれないよ。

動いた後に線が引かれるボタンにはペンありと入れよう。

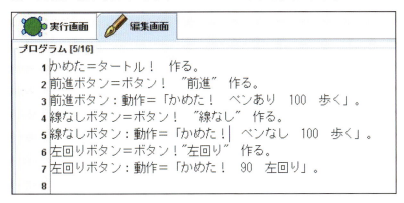

② 二つのタートルを動かしてみよう。

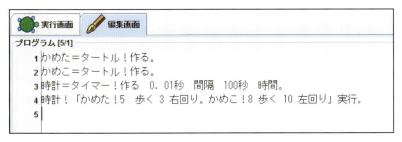

3行目は，0.01秒ごとに動く，全部で100秒動く。

4行目は，かめたは，0.01秒かんかくで右3度の方向に5だけ進み，かめこは，0.01秒ごとに左10度の方向に8だけ進むというプログラムだよ。

ドリトル10
簡単なゲームを作ろう

名　前　　　　　　　　　　　　　

① タートルを動かして，カニにあたったら，かにが消える簡単なゲームを作ろう。

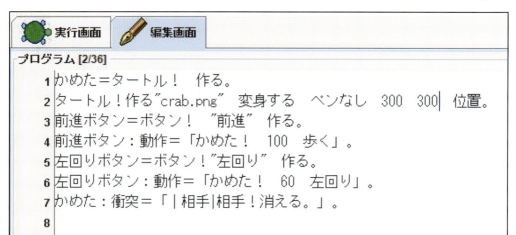

② カニを追加してみよう。

```
タートル！作る "crab.png"　変身する　ペンなし　－300　300　位置。
タートル！作る "crab.png"　変身する　ペンなし　150　100　位置。
タートル！作る "crab.png"　変身する　ペンなし　200　－150　位置。
```

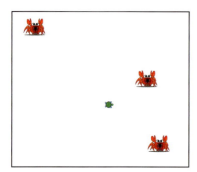

4 「プログラミング教育」振り返りカード

　プログラミング教育でも，学習の振り返りを大切にします。時間を確保してなるべく時間内に書くように習慣づけてください。
　学習の振り返りで大切なことは，三点あります。
① 授業のはじめに計画を確認し，振り返りで計画と照らし合わせて達成度を自己確認します。１時間の学びを意識させるためです。
② 先生や友だちから，直接的にまた間接的に教えてもらったことを文章化します。人とのつながりのなかで学んだことを確認すると記憶に残りやすく，必要なときに確認することができます。
③ 次の学びにつながる疑問や期待を記録します。予習につながるなど，積極的な学びにつながります。

```
　　　　　　　月　　　日　　　年　　　名前（　　　　　　　　　　）
計画 ─────────────────────────────●




結果 ─────────────────────────────●





先生や友だちから学んだこと ─────────────────●





調べてみたいこと・やってみたいこと ──────────────●
```

参考文献

小学校の先行実践
- 『小学校の「プログラミング授業」実況中継』
  松田孝他著，技術評論社，2017
- 『先生のための小学校プログラミング教育がよくわかる本』
  利根川裕太，佐藤智著，一般社団法人みんなのコード監修，2017

スクラッチ
- 『小学生からはじめるわくわくプログラミング』
  阿部和広著，日経BP社，2013
- 『10才からはじめるプログラミング図鑑』
  キャロルヴォーダマン著，Carol Vorderman 原著，創元社，2015
- 『IT・Literacy Scratch・ドリトル編―プラクティス「情報科」』
  吉田葵・佐々木寛著，日本文教出版大阪，2016

ドリトル
- 『ドリトルで学ぶプログラミング［第2版］』
  兼宗進・久野靖著，イーテキスト研究所，2011
- ※ドリトルのホームページで，マニュアルや中高生用のテキストなどの資料が公開されています。

プログラミン
- 『遊べる！わかる！みんなのプログラミング入門 子どもたち集まれ！』
  吉田潤子著，リックテレコム，2016

アンプラグドコンピュータサイエンス
- 『コンピュータを使わない情報教育アンプラグドコンピュータサイエンス』
  Tim Bell/Ian H.Witten/Mike Fellows 著，兼宗進監訳
- 『コンピューターを使わない小学校プログラミング教育』
  小林祐紀・兼宗進著，監修・編集

小学校プログラミング教育への期待

大阪電気通信大学工学部教授　兼宗進

　私は 2020 年から開始される新しい学習指導要領について，国の審議会などの委員として，小学校のプログラミング教育と，小学校から中学校・高等学校までの情報教育の検討に関わってきました。本書のような，小学校のプログラミングに関するわかりやすい解説書が出版されることを嬉しく感じています。

　学校教育の中でプログラミングを学ぶことは，小学校から高等学校までがそれぞれの役割を持っています。小学校では，体験を通してプログラミングの考え方に触れ，コンピュータにしてほしい仕事を簡潔で論理的な手順として伝えることを学びます。そして，中学校では産業の中でプログラムが問題解決に利用されていることを学び，高等学校ではアルゴリズムを含むプログラミングについて学んでいくことになります。
　子どもたちがプログラミングを学ぶ意義は何でしょう。私はコンピュータの仕組みを知ることだと考えています。コンピュータは自転車や洗濯機とは違い，動かすソフトウェアによって，友人や家族とメッセージを交換したり，ニュースや天気予報を見たり，ゲームなどで遊んだりのように，いろいろな働きができるのが特徴です。
　これらのソフトウェアはプログラムで作られています。「お店で売っている食べ物は農家の方が作っている」ことを知るために学校で植物や生き物の飼育を体験するのと同様に，「アプリやソフトウェアは人間がプログラムを書いて作っている」ことを知ることは，コンピュータとともに生きていく子どもたちにとって貴重な経験となるでしょう。
　また，与えられるだけでなく，自ら作る体験も重要です。本を読んだり音楽を鑑賞したりすることに加え，自分で文章を書いたり，声や楽器で演奏したりすることは大切です。プログラムについても，誰かが作ったソフトウェアを使うだけでなく，自分で書いてみることは貴重な体験になるでしょう。

　さて，子どもたちにプログラミングを教える際は，いくつかのパターンがあります。ひとつは，教科の学習に利用するときのように，全員が同じプログラムを作る形です。このときは，プリントなどを配付して進める他に，先生がお手本を見せてその通りに作業させることも有効です。もうひとつは，ひとりひとりが異なる作品を作る形です。このときは，基本的な説明やサンプルプログラムを示した後は，質問などに答える形で進めます。このとき，先生がひとりで教室全体のプログラムをアドバイスして回ることが

難しい場合は，理解や作業が早く進んでいる子どもに他の子どものアドバイスを行わせる形も考えられます。

　本書では私が提供に関わっている教材も紹介されています。ドリトルは 2000 年頃に筑波大学で久野靖先生と考案した独自のプログラミング言語です。子どもが自分で字を書いたり定規で線を引いたりすることが学びにつながるように，プログラミングも 1 文字ずつの入力を大切にしたいという考えから，命令を日本語で書ける言語を考えました。ドリトルは本書で扱われているタートルグラフィックスや音楽演奏のほかに，Arduino やラズベリーパイなどでセンサーやモーターなどを接続することができ，子どもたちのプログラム同士が教室内で通信できることが特徴です。最近はパソコンの Web ブラウザで開発したプログラムを，QR コードでスマートフォンやタブレットに伝えて動かせるようになりました。先生が教材を作りタブレットで授業に使うことも行われています。

　コンピュータサイエンスアンプラグド（CS アンプラグド）は，コンピュータの科学的な楽しさを小学生に体験してもらうために考えられた教材です。日本では有志の協力で翻訳し，書籍と Web サイトで紹介しています。コンピュータの仕組みには，プログラムで書かれたソフトウェアが動作することのほかに，スマートフォンなどで撮影した写真がどのように相手に送られるかといった，身近な世界を知る楽しさが存在しています。教材は小学校 2 年生程度から楽しむことができるように作られており，日本では 10 年間にわたり小学生向けの科学イベントで使われてきた実績があります。ぜひ本書を中心にこれらの教材を活用して，授業に使っていただければ幸いです。

●著者紹介
蔵満逸司

1961 年鹿児島県生まれ。国立大学法人琉球大学教職大学院准教授。元鹿児島県小学校教諭（29 年勤務）・日本ＬＤ学会会員・特別支援教育士

■著書
『奄美まるごと小百科』(南方新社）2003
『奄美食 (うまいもの）紀行』(南方新社）2005
『奄美もの知りクイズ 350 問』(南方新社）2006
『鹿児島もの知りクイズ 350 問』(南方新社）2009
『授業のツボがよくわかる算数の授業技術高学年』(学事出版）2010
『小学校 1・2・3 年の楽しい学級通信のアイデア 48』(黎明書房）2011
『小学校 4・5・6 年の楽しい学級通信のアイデア 48』(黎明書房）2011
『見やすくきれいな小学生の教科別ノート指導』(黎明書房）2012
『鹿児島の歩き方　鹿児島市篇』(南方新社）2012
『おいしい！授業―70 のアイデア＆スパイス＋1　小学校 1・2 年』(フォーラムＡ）2013
『特別支援教育を意識した小学校の授業づくり・板書・ノート指導』(黎明書房）2013
『教師のための iPhone & iPad 超かんたん活用術』(黎明書房）2016
『ミナミさんちのクイズスペシャル』1，2 (南日本新聞社）非売品　2016
『ワークシート付きかしこい子に育てる新聞を使った授業プラン 30+ 学習ゲーム 7』(黎明書房)2017
『ミナミさんちのクイズスペシャル』3 (南日本新聞社）非売品　2017

■ＤＶＤ
『演劇・パフォーマンス系導入パターン』(ジャパンライム社）2008
『実践！ミニネタアイディア集算数編 2 巻』(ジャパンライム社）2009

■共著
『42 の出題パターンで楽しむ痛快社会科クイズ 608』(黎明書房）2009
『クイズの出し方大辞典付き笑って楽しむ体育クイズ 417』(黎明書房）2010

■編著書
『小学校算数の学習ゲーム集』上條晴夫監修 (学事出版）2002
『算数の授業ミニネタ＆コツ 101』上條晴夫監修 (学事出版）2006

■メールマガジン発行
『小学校教師用メールマガジン』(まぐまぐ＋メルマ）読者合計 3800 人

学校プログラミング教育への期待
兼宗進（かねむね　すすむ）

博士（システムズ・マネジメント，筑波大学）。大阪電気通信大学工学部電子機械工学科教授。情報オリンピック日本委員会理事，中央教育審議会情報 WG 委員。

・兼宗進監訳『コンピュータを使わない情報教育アンプラグドコンピュータサイエンス』（イーテキスト研究所）2007
・兼宗進・久野靖著『プログラミング言語ドリトル』（イーテキスト研究所）2011
・兼宗進ほか監修『IT・LiteracyScratch・ドリトル編』（日本文教出版）2016

本書は独立した出版物であり，本文中のすべてのブランド名および製品名は個々の所有者の登録商標，もしくは商標です。

　本書は 2018 年 11 月時点での情報を掲載しています。

　本書で紹介している，サービス，ソフトウェア，ハードウェアの使用方法等は全ての製品やサービスの動作を保証するものではありません。

　本書の情報によって生じる直接的，間接的な被害について著者並びに小社では責任を負いかねます。あらかじめご了承ください。

小学校プログラミング教育の考え方・進め方

2019 年 1 月 1 日　初版発行	著　者	蔵　満　逸　司
	発行者	武　馬　久仁裕
	印　刷	藤原印刷株式会社
	製　本	協栄製本工業株式会社

発　行　所　　株式会社　黎　明　書　房

〒460-0002　名古屋市中区丸の内3-6-27　EBSビル
☎ 052-962-3045　FAX 052-951-9065　振替・00880-1-59001
〒101-0047　東京連絡所・千代田区内神田1-4-9　松苗ビル4階
☎ 03-3268-3470

落丁本・乱丁本はお取替えします。　　ISBN978-4-654-02309-7
© I. Kuramitsu 2019, Printed in Japan

教師のための iPhone & iPad 超かんたん活用術

蔵満逸司著　B5・86頁（オールカラー）・2300円

はじめて iPhone や iPad をさわる人でも，すぐに授業や普段の教師生活に活かせるノウハウを収録！　操作説明や基本の用語，各教科の授業や特別支援教育に役立つアプリも厳選して紹介。

ワークシート付き かしこい子に育てる 新聞を使った授業プラン30＋ 学習ゲーム7

蔵満逸司著　B5・86頁・1800円

「新聞のグラフを読み取ろう」「スポーツ記事を書いてみよう」等，新聞を使った小学校の各教科の授業プランと，「新聞たほいや」等の学習ゲームを収録。アクティブ・ラーニングの教材にも最適。

特別支援教育を意識した 小学校の授業づくり・板書・ ノート指導

蔵満逸司著　B5・86頁・1900円

発達障害の子どもだけでなく，すべての子どもの指導をより効果的で効率的なものにするユニバーサルデザインによる学習指導のあり方を，授業づくり・板書・ノート指導にわけて紹介。

見やすくきれいな 小学生の教科別ノート指導

蔵満逸司著　B5・92頁・1800円

国，社，算，理等の各学年のノートの見やすい書き方，使い方を実際のノート例を多数交え紹介。また「特別支援を意識したノート指導」では，支援を要する児童を意識した板書の工夫等にもふれる。

＊表示価格は本体価格です。別途消費税がかかります。
■ホームページでは，新刊案内など小社刊行物の詳細な情報を提供しております。「総合目録」もダウンロードできます。　http://www.reimei-shobo.com/

子どもも保護者も愛読者にする
小学校1・2・3年の楽しい学級通信のアイデア48

蔵満逸司著　B5・102頁・2000円

子どもとの距離も保護者との距離もぐっと近づく学級通信を48種紹介。作成手順や具体例がそのまま使えるワークシートを掲載。保護者が気になる低学年ならではのネタも紹介。

子どもも保護者も愛読者にする
小学校4・5・6年の楽しい学級通信のアイデア48

蔵満逸司著　B5・102頁・2000円

子どもとの距離も保護者との距離もぐっと近づく学級通信を48種紹介。作成手順や具体例がそのまま使えるワークシートを掲載。「ローマ字通信」「中学校ニュース」等，高学年ならではのネタ満載。

教師のための携帯ブックス③
42の出題パターンで楽しむ痛快社会科クイズ608

蔵満逸司・中村健一著　B6・93頁・1200円

授業を盛り上げ，子どもたちを社会科のとりこにする608の社会科クイズと，クイズの愉快な出し方を42種紹介。笑って覚えてしまうクイズ満載で，子どもたちを社会科好きにすることまちがいなし。

教師のための携帯ブックス⑦
クイズの出し方大辞典付き笑って楽しむ体育クイズ417

蔵満逸司・中村健一著　B6・95頁・1200円

水泳，ドッジボール，けがの予防，エイズ等，競技から保健分野までのクイズ417問。体育の授業がますます充実！　信じられないほど授業が盛り上がるクイズの出し方付き。

＊表示価格は本体価格です。別途消費税がかかります。